추천사

『그 청년 바보의사』 두 번째 책이 나온다는 소식에 감사했습니다. 요즘처럼 많은 책이 쏟아져 나오는 때가 있었을까요? 그러나 우리는 그 풍성함 속에서 빈곤을 느끼고 있습니다. 수현 형제는 그 빈곤을 부요함으로 바꿔줄 수 있는 영혼을 가지고 살다가 주님께로 갔습니다. 수현 형제의 삶은 단지 의사로서만이 아니라 그리스도인으로서 진지한 투쟁을 하는 중에 남겨진 것이기에, 이번 책이 제대로 믿기 위한 거룩한 고민을 가진 모든 이들에게 빛이 될 것입니다. 이 책이 수현 형제와 사랑을 주고받던 분들뿐만 아니라, 이 시대 영적으로 굶주린 많은 이들에게 생명의 배부름으로 다가오길 기도합니다.

김운성 (영락교회 담임목사)

안수현 군은 영락교회 고등부 제자입니다. 고등부에서의 예배를 좋아하여 재수를 하는 동안에도 고등부 예배를 일 년 내내 드렸던, 잊을 수 없는 제자입니다. 그러나 지금은 수현이가 제 신앙과 삶의 선생이 되었습니다. 수현이가 사랑했던 것들을 사랑하면 저도 수현이를 닮아 갈 수 있을 것 같습니다.

김동호 (PPL 이사장)

성공과 복이 최고의 가치인 세상의 눈으로만 보자면, 수현 형제의 인생은 내세울 만한 것이 아닙니다. 생전에 유명했던 소위 성공한 의사도 아니었고, 물질의 복이나 장수의 복을 누린 것도 아닙니다. 그러나 그런 그의 짧은 인생이 우리에게 깊은 울림을 줍니다. 그래서 역설입니다. 죽음이 생명이 되고, 절망이 희망이 된 역설입니다. 그렇게 수현 형제는 우리 마음 속에 잊혀지지 않는 예수 그리스도의 부활의 흔적이 되었습니다. 그리고 세태에 찌든 우리에게 요청합니다. 우리는 죽고 주님이 사는 역설을 살자고 말입니다.

김신곤 (고려대학교 의과대학 교수)

수현이는 제게 늘 형같은 후배였습니다. 누구를 만나든, 무슨 일을 하든지 "주께 하듯"하고 최선을 다했습니다. 33년의 불꽃같은 삶을 살고 우리 곁을 이제 잠시 떠났지만, 그 선한 영향력은 세상을 떠난 후에 더 큰 울림이 되어, 그의 책을 읽은 많은 사람들의 삶을 변화시키고 있습니다. 이 책이 빛을 보는데 작은 기여를 한 것이 저의 가장 큰 기쁨이자 보람입니다. 삶의 어려운 순간마다 "수현이는 어떻게 했을까"를 생각하며, 무너진 마음을 회복하곤 합니다.

김진용 (차움병원 병원장)

성경은 온통 '사람이야기'로 가득합니다. 예수님은 사람으로 오셨습니다. 자신을 따르는 '사람'을 형제요, 자매로 삼으셨습니다. 사실 사람들은 그의 이야기를 이어가는 전달자로 세워지며, 심지어 교회 자체로 역사 전면에 등장합니다. 한국교회도 결국 사람들의 이야기일 수밖에 없습니다. 본서가 소개하는 '한 사람'도 같은 선상에 서 있습니다. 복음이 숙성시킨 작품은 결국 창조자의 품격과 실력을 상상하게 합니다. 더군다나 성경이 말하는 진짜 '사람' 이야기가 그리운 계절에 본서는 더 따뜻하게 다가옵니다. 이 안에 담긴 아름다운 스토리가 시린 마음을 녹여 믿음의 움을 틔우게 되길 기대합니다.

송태근 (삼일교회 담임목사)

기독교 세계관, 하나님 나라 운동, 복음주의, 일상 제자도 등등. 앎과 삶을 동시에 추구하는 경건한 그리스도인들은 여러 가지 언어나 개념을 사용하여 자신이 믿는 것과 살아가는 삶을 통합시키고 그 안에서 세상에 빛으로 소금으로 살아가기를 원했다. 그리고 여기 (살아 있었다면 지금쯤 중년이 되었을) 한 청년이 있다. 그는 현란한 수식이나 개념이나 용어를 전혀 쓰지 않고도, 세계관이니 운동이니 제자도니 하는 것들이 추구하는 앎과 삶을 통합한 자신의 삶을 풀어낸다. 그는 책을 읽었고, 찬송을 들었으며, 느꼈고 생각했고 기록했고 사랑했다. 그렇다. 사랑했다. 그의 앎은 사랑으로 충만했고, 사랑은 즉시 손과 발로 뻗어가 이웃에게 닿았다. 그 기록들을 읽어보라. 필시 그도 죄인이었을테지만, 그래서 그의 글들 이면의 죄된 모습도 없지 않았겠지만, 그래도 그의 자전적이고 고백적인 글에는 싸구려가 없다. 그는 용서받은 죄인이었고, 값비싼 용서를 받은 죄인이었다. 그래서 더욱 그의 짧은 삶은 우리에게 성자와 같은 모습으로 다가온다. 그리고 그를 통해 우리는 그리스도를 바라볼 수 있다.

이정규 (시광교회 담임목사)

의대생도 신앙생활을 잘 할 수 있을까? 이 질문에 선배로부터 긍정적인 답을 들은 저자는 용기를 냈다고 한다. 그리고 그렇게 한 현장에서 이 두 종류의 삶을 살아 냈다. 가늘고 길게라고 외치는 우리에게 이러한 삶의 방식도 있다고 굵은 점 하나 찍고 가셨다. 주님의 스티그마를 닮고자 애쓴 그 삶의 흔적들을 읽다 보니 부끄럽고 죄스럽기까지 하다.

그의 지적대로 우리의 싸움은 무엇이 옳고 그른 가의 문제가 아니라 내면에서 울리는 하나님의 말씀에 귀를 기울일 것인가 말 것인가의 싸움이다. 의료인의 일상은 갈수록 각박해져간다. 의료윤리는 점점 땅에 떨어져가고 상업주의 물결, 관 주도의 의료 제도, 의료적 요구의 급증 등의 삼각파도 속에 방향타를 잃은지 오래이다. 이 혼란한 시점에 안수현 선생님은 어떤 생각으로 살아 내셨을지 그의 고견을 듣고 싶다가도 이건 우리가 써내려가야 할 몫이리라 생각하며 마음을 다잡는다.

삶은 전투이다. 그리고 우리는 삶의 현장에 심겨진 신앙이 한 개의 임플란트(integrated implant)처럼 잘 유착되어(integration) 기능을 발휘하도록 애쓰고 있는 전투원들이기도 하다. 미니시리즈 '밴드 오브 브라더스'의 한 장면처럼 지친 전투 현장에서 한 걸음 뒤로 물러나 철모를 벗어 던지고 양지바른 언덕에 기대어 그와 담소하는 장면을 상상해 본다. 그가 좋아하던 음악에 대해 설명 들으며 서로 살아낸 삶의 이야기를 나누는 시간이면 더 좋겠다. 짙은 커피 향기와 함께 "원칙 말고 실제"를 외친 그의 목소리가 들리는 것 같다.

그의 삶은 여전히 그와 접점을 이루었던 사람들의 기억 속에서, 그리고 접점조차 없던 독자들의 삶 속에서 오래오래 지속되는 것 같다. 이러한 삶을 살아낼 일이 이 책을 읽은 우리에게도 과제로 던져졌다.

이철규 (이철규이대강치과 원장, 치의학박사, 신학석사, 『오늘을 그날처럼』 저자)

두 개의 기억이 있습니다. 2005년, 저는 한국누가회 회장으로 안수현 형제는 학사사역부 총무로 한 달에 한 번 운영위원회에서 만나 여러 사역을 함께 논의하고 실행했습니다. 수현 형제는 언제나 조용하면서도 속이 꽉 찬 내면의 힘을 느끼게 하던 후배였습니다. 그러고는 그렇게 하나님 나라로 가버렸습니다. 수현 형제의 장례식은 제가 지금까지 참석했던 모든 장례식 중 가장 큰 울음들이 있었습니다. 그가 옆에 있었을 때의 기억, 그리고 그가 떠났을 때의 기억, 그렇게 두 가지 기억만 가지고 살았는데, 이 책이 문득 내 앞으로 왔습니다. 수현 형제가 다시 살아 돌아와 나에게 이야기하는 것 같아, 새로운 세 번째 기억을 만들고 있습니다. 그의 작지만 깊은 목소리를 함께 나누고 싶습니다.

전우택 (연세대학교 의과대학 교수)

그 청년 바보의사, 두 번째 이야기

그 청년 바보의사, 두 번째 이야기

안수현 지음 | 이기섭 엮음

아바서원

목차

서문 / 김병삼 목사   14

1장 | 마음에서 들려오는 사랑의 소리   17

내가 그 이유를 모를 땐 / 윤종현   19
의사가 환자에게 귀를 기울이는 순간   26
사랑의 수고   29
안락사를 생각하며   32
홀로 외로울 때   35
주여 왜? / 백성진   39
신앙의 모험과 실험   44
전설의 선배들   48
불가능한 일들, 그러나 선하신 하나님   51
마음에서 들려오는 사랑의 소리   53

2장 | 주와 함께 달려가리이다   57

나의 최고의 멘토 / 송영주   59
결코 잊지 않으리   66
내 마음을 정금과 같이   70
나는 왜 신앙서적을 읽는가   72
현실 세계에서 주님과 동행하려면   76

우는 자와 함께 서있던 사람 / 지명회	80
처음 믿는 사람에게 선물하는 책	86
한 번에 한 사람씩	89
차 안에서의 작은 부흥회	92
내가 누리는 자유	95
사순절에 읽는 책	98

3장 | 이 순간 당신을 예배하기로 결정합니다　103

내 생애 첫 번째 설교 / 송광수	105
이 순간 당신을 예배하기로 결정합니다	111
은밀한 기쁨	114
오랜 순종이 빚어낸 깊은 예배	117
나의 간증이 된 음반, 〈God with Us〉	121
푸른 믿음	125
슬퍼하지마, 잠시 쉬는 거야 / 윤익환	129
주님, 저 힘든 것 아시지요?	134
깨지고 상한 내 마음을 드립니다	138

예흔을 시작하며	142
사랑은 지금 표현하는 것	146

4장 | 영광의 문, 저 너머   151

영광의 문을 통과한 '내' 친구 / 박달우	153
닥터 홀의 조선회상	158
그 사랑의 기억을 힘입어	161
친구가 풀어주는 신앙문제	163
나를 책망할 수 있는 친구	166
영광의 문, 저 너머	171
두 번째 인생의 문을 열며 / 양원섭(가명)	175
주 나의 모든 것	182
당신이 수렁에 빠졌을 때	185
좌절된 꿈, 응답받은 기도	189
한 정치인의 거듭나기	192
두 번째 기회	196

5장 | 소명자는 낙심하지 않는다   201

마지막 경례 / 이은택   204
병사들의 기도모임   209
나의 일탈   211
참된 형통함이란   214
혹한기 행군길에서   218
내 무덤에 서서 울지 마렴 / 백정진   220
예수님 사전에 우연은 없다   227
엘 샤다이, 하나님은 능력이시라   229
소명자는 낙심하지 않는다   233
주님께서 기뻐하신다면   236
그러니까 아끼지 말고 사랑하기를 / 심현준   239

에필로그 / 엮은이 이기섭   245
안수현의 서재   250

서문

김병삼 | 만나교회 담임목사

목사가 되고 30년 동안 스스로에게 가장 부끄럽다고 느낀, 그리고 누군가의 삶이 가장 부러웠던 때가 안수현 형제를 알게 된 후입니다. 다른 어떤 것이 아닌 그가 살았던 삶 때문입니다.

이 책은 안수현 형제를 기억하는 사람들이 자발적인 마음과 그에 대한 기억의 일면들, 그리고 그가 남긴 글들을 엮어서 만든 것입니다.

이전 책인 『그 청년 바보의사』의 표지에는 이런 글이 있습니다.

"과연 나는 길게 줄을 서서 기다리는 환자들 한 사람 한 사람의 얼굴이 내게 환자로 오신 그리스도라는 사실을 기억할 수 있을까?"

저는 매주 수천 명의 회중 앞에서 설교를 합니다. 그리고 수만 명의 사람들이 이런저런 매체를 통해 저의 설교를 듣습니다. 그런데 나는 내 앞에 있는 한 사람 한 사람에게 얼마나 진지했는지, 내가 만나는 사람들의 인생을 예수님의 이야기로 어떻게 바꾸어 놓았는지 생각해 보니 참 부끄러웠습니다. 무엇보다 그를 사랑했던 열한 사람의 이야기들, 바보라 불리는 청년 의사를 만남으로 인생이 바뀐 사람들, 그를 기억하고 추억하며 하늘나라에서 만날 것을 기다리는 사람들의 이야기들 때문에 제 삶이 더욱 부끄러워졌습니다.

'바보'라 불리는 그의 삶이 부럽습니다.

33살의 나이에 세상을 떠난 안수현 형제의 삶을 '바보'라고 표현할 수밖에 없는 이유는, 그의 삶을 세상적인 판단이나 계산으로 논할 수 없기 때문입니다. 바보처럼 살았던 그의 삶이 바보 되기를 애써 외면했던 저를 부끄럽게 했고, 웬만한 목회자나 신학자들의 사고를 뛰어넘기에 충분한 사색과 독서량 그리고 영적 즐거움을 누렸던 음악 세계의 해박함이 감탄스러웠습니다.

사람들은 그를 '바보'라고 부릅니다. 그렇게 살지 않아도 되는 사람이 그렇게 살다 갔으니 말입니다. 그런데 그 사람은 정말 바보입니다. 예수님만 바라보고 산 사람이기 때문이죠. 세상 사람들도 다 할 수 있는 그런 사랑이 아니라, 예수님 때문에 하지 않으면 안 될 사랑을 하고 간 사람이니 말입니다. 평범한 사람은 쉽게 잊히지만 '바보'는 기억에 많이 남는 것 같습니다.

이 책을 보니 저도 바보처럼 살아가야겠다는 마음이 듭니다. 저도 세상을 떠나고 나면 누군가가 '그 바보 목사'라는 말로 저를 기억했으면 좋겠습니다. 매일 아침 만나는 누군가에게 지긋이 '이 바보 같은 사람'이라고 부를 수 있는 믿음의 친구가 있고, 누군가 당신에게 '참 바보 같네'라고 말해줄 수 있는 사람이 있다면, 정말 행복한 사람이겠죠.

이 책을 사랑하는 사람들이 많아져 개정판이 나온다는 소식을 듣고 마음이 참 행복했습니다. 안수현 형제 한 사람의 헌신으로 인해 바뀐 열한 사람의 인생 고백.

이제는 여러분의 고백이 되길 바랍니다.

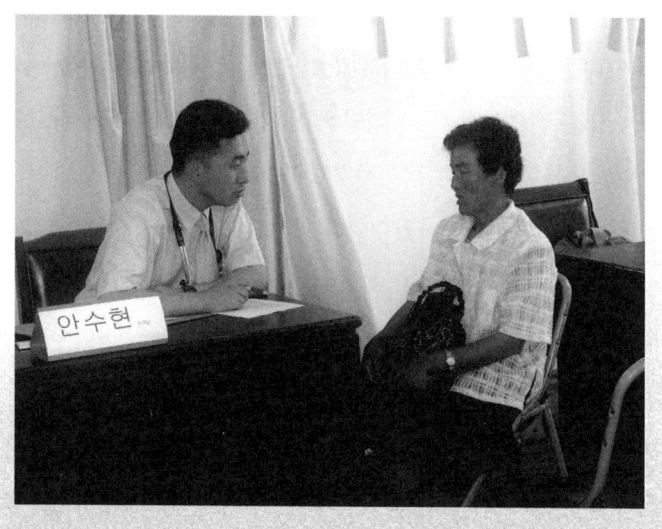

"나는 히포크라테스나 마이모니데스, 오슬러도 가르쳐주지 않은 뭔가를 배웠다.
의사의 의무는 죽음을 늦추거나 환자에게 예전의 삶을 돌려주는 것이 아니라,
삶이 무너져버린 환자와 그 가족을 가슴에 품고 그들이 다시 일어나
자신들이 처한 실존적 상황을 마주보고 이해할 수 있을 때까지 돕는 것이다."

"나는 환자를 서류처럼 대할 것이 아니라
모든 서류를 환자처럼 대하기로 결심했다."

—폴 칼라니티, 의사, 『숨결이 바람 될 때』 중에서

1장

마음에서 들려오는 사랑의 소리

―――

그는 참 이상한 의사였습니다. 밤이면 자신이 돌보는 환자 곁에 살며시 다가와 치유를 위한 간절한 기도를 드렸습니다. 아무도 모를 것 같았지만, 죽음의 공포와 통증으로 잠 못 이루던 환자들은 그의 기도를 듣고 소리 없이 눈물을 흘렸습니다. 절망으로 환자 옆을 지키던 가족들은 이 젊은 의사의 따뜻한 기도소리에 깊은 위로를 받았습니다. 크리스마스 전날 밤에 찾아갔던 할머니 환자는 그의 손을 꼭 잡고 놓아주지 않았습니다. 어떤 분은 기적처럼 몸이 회복되어 "이 어린 의사가 나를 살렸습니다."라고 고마워했습니다. 그는 환자를 이 세상에 하나밖에 없는 인격체로 존중할 줄 아는 의사였습니다. 병든 이들을 위해 하나님께 드리는 그의 기도보다 더 좋은 약과 주사가 이 세상에 있었을까요?

내가 그 이유를 모를 땐

윤종현

　의과대학 시절, 교제하던 여자 친구와 헤어지는 아픔을 겪었을 때였다. 난 하나님에 대한 믿음의 확신이 없었고, 교회를 다녀도 겉돌았다. 신앙이라는 근본적 일치가 없는 우리 둘은 헤어질 수밖에 없었다. 많이 힘들었던 나는 방황하다가 결국 휴학을 했다. 친구들과도 만나지 않고 거의 잠적하는 수준으로 지내고 있었다. 수현 형도 예상치 못하게 졸업시험에 떨어져 본과 4학년을 다시 다니고 있었다. 형 나름대로 아픔이 있었을 텐데 여느 때와 같이 밝고 평온한 모습으로 나를 많이 만나 줬다.

　"널 좀 돌보라고 하나님이 날 일 년 유급시키셨나보다."

　형이 말도 안 되는 이유를 대면서 나를 위로해 주었다.

　형은 만날 때마다 책과 CD를 안겨 주었다. 존 스토트, 고든 맥도날드, 필립 얀시, 돈 모엔, 론 케놀리, 스티브 커티스 채프먼 등등.

"삼각형을 봐. 두 점이 함께 위의 한 점을 바라봐야 균형이 맞지? 여자와 남자도 위의 하나님을 같이 바라봐야 해. 그래야 결혼을 해도 행복한 거야."

형과 함께 얘기하면서 조금씩 신앙이 생기기 시작했다. 자존감도 약해지고 상처도 많았지만 넓은 마음으로 세상을 보고 하나님을 의지하는 믿음을 조금씩 갖게 되었다.

수현 형을 처음 만난 것은 대학교 2학년 때다. 교회를 다니지 않았지만 교제하는 여자 친구의 권유로 크리스천 의료인들의 연합 단체인 한국누가회(CMF) 수련회에 참석했다. 전국에서 온 수많은 기독 학생들이 내가 고려대에서 왔다고 하니까 하나같이 "수현 형을 잘 아시겠네요."라고 했다.

그때 나는 수현 형을 몰랐지만 수현 형은 CMF 내의 유명 인사였다. 스티그마라는 아이디로 나우누리에서 활동하던 형은 책이면 책, 음악이면 음악, 뭐 하나 정통하지 않은 분야가 없었다. 그보다도 힘들어하는 친구, 후배가 있으면 어디든 달려가 고민을 들어 주고 기도를 해주는 형을 사람들이 참 좋아하는 것 같았다.

형을 만나는 것은 어렵지 않았다. 형이 먼저 나를 찾아와 주었다. 약간 무덤덤하면서도 장난기 있는 얼굴로 원래부터 친했던 사람처럼 툭 치면서 말을 걸어왔다. 그때도 신앙 서적과 찬양테이프를 선물로 주었다.

신앙도 없으면서 여자 친구 때문에 수양회라는 곳에 따라온 남자들은 다 안다. 그곳이 얼마나 뻘쭘한 자리인지. 생전 처음 들어보는 단어들, 형제, 자매, 은혜, 대속, 십자가 등도 소화가 안 되는데, 돌아가며 기도하고 소감 나누고. 꿔다 놓은 보릿자루처럼 자리만 지키던 나에게 수현 형은 구세주였다. 금세 형제처럼 친해졌다. 형이 없는 나는 수현 형을 진짜 형처럼 따랐다.

이런 기억도 있다. 형이 본과 3학년 때였다. 학업 부담도 만만치 않았을 텐데도 당시 예과생 94, 95학번 후배들을 위해 의대 녹지 캠퍼스 옆에 있는 교회에 새벽마다 들러 한 사람 한 사람을 위해 기도한 후 학교로 올라왔다. 여러 가지 중압감으로 힘들어하는 후배들을 특히 챙겨 주었는데 나를 비롯해서 공부를 썩 잘하지 못하는, 그래서 매번 재시험 보느라 힘들어했던 후배들을 많이 격려해 주었다. 형도 공부를 잘하지 못했다고 하면서.

형은 병원에 들어가서도 한결같았다. 그렇게 바쁜 내과 레지던트 1년 차 시절에도 형은 항상 평안해 보였다. 저녁 회진이 끝나고 병동에 앉아서 차트를 정리하고 있을 때면 카세트라디오에서는 은은한 찬양이 흘러나왔다.

환자들을 대할 때 형의 모습은 정말 나에게 귀감이 되었다. 육체적으로 힘이 들고 짜증이 날 만한 상황에서도 형은 환자들에게 친절했다. 그뿐이 아니다. 환자들의 아픔을 자기 아픔으로 느끼면서 기도까지 해주었다.

2000년 의료파업 때, 형은 병원 전체에 전공의가 아무도 남아 있지 않은 상황에서 흉부외과 정재승 선생님과 함께 유일하게 병원에 남아 환자들을 돌봤다. 이로 인해 작은 논란도 있었지만, 형은 그저 고통 받는 환자를 방치하는 것은 예수님께서 원하는 일이 아니라는 믿음을 갖고 있었고 그것을 실천에 옮겼을 뿐이다.

인턴으로 근무할 때, 옮겨 다니는 병동마다 내가 수현 형과 친하다고만 하면 두 배로 친절하게 대해 주었다. 항상 형의 얘기가 중심이 되어 얘기꽃을 피웠다. 형의 따뜻함이 중심 주제였고, 형의 권유로 예수님을 믿게 된 환자들, 보호자들, 간호사들, 의사들이 정말 많았다. 형 덕분에 나는 수월하게 인턴생활을 마쳤다.

2002년, 난 헤어졌던 여자 친구와 다시 만나 결혼을 했다. 형은 마치 자기 일인 양 기뻐했다. 결혼식 날, 카메라를 들고 결혼식 장면 하나하나를 사진으로 담아 한 권의 앨범으로 만들어 선물해 주었다. 형은 자기가 사랑하는 사람들의 결혼식 사진을 찍어 선물하는 것이 취미였다. 지금 쌍둥이 딸들과 아들, 세 아이의 아빠가 된 내게 이 앨범은 잊을 수 없는 추억으로 남아 있다.

그해 12월 암으로 투병하시던 장인어른이 돌아가셨다. 슬픔에 잠겨 있던 우리 부부에게 형이 제일 먼저 달려왔다. 전문의 시험이 며칠 남지 않아 마음에 여유가 없었을 텐데도 말이다. 형은 조그만 카세트 라디오와 몇 개의 찬양테이프를 가지고 왔다. 영정 아래 카세트를 놓고 조용히 찬양을 틀어 주었다. 발인하는 순간까지 그 찬양들은 마르지 않는 샘처럼 마음을 적시며 얼마나 큰 위로가 되었는지 모른다.

결혼 후 3년 동안 우리에게 아이가 없었다. 2005년, 드디어 하나님께서 쌍둥이를 허락해 주셨다. 그해 12월 23일이 예정일이었다. 형은 아이들 선물을 사들고 분만실로 오겠다고 약속을 했다.

"이제 형만 결혼하면 돼요. 올해 넘기지 마세요."

형은 웃기만 했다.

애들이 태어나기 며칠 전, 형이 쓰러져서 고대병원에 입원했다는 소식이 왔다. 바로 엊그제 전화통화를 했는데 형이 쓰러지다니. 믿을 수가 없었다. 곧바로 형에게 달려갔다.

생각보다 형의 상태가 좋지 않았다. 유행성출혈열이었다. 주치의 박세종 선생과 3년 차 최원석 선생 모두 형을 친형처럼 따르던 의사들이었다. 교수님들과 선배 형들, 형을 사랑하는 모든 사람들이 총동원되어 형을 살리기 위해 최선을 다했다.

"제발 하나님, 형을 일으켜 주세요. 일으켜 주세요. 어서 일어나서 그 호탕한 웃음소리 듣게 해주세요. 살려 주세요. 하나님, 제발 살려 주세요."

나뿐 아니라 형을 아는 모든 사람들이 기도했다.

형은 끝내 중환자실에서 일어나지 못했다. 끝까지 형을 살리고 싶어 나도 형의 심폐소생술에 참여했다. 피를 쏟으며 싸늘해지는 형의 몸을 부둥켜안고 나는 끝내 통곡하고 말았다.

"형, 눈 떠. 제발. 장난치지 말구 눈 좀 뜨라구."

바이탈 사인이 정지되었다. 믿을 수가 없었다. 그래도 심폐소생술을 멈추지 못하는 우리를 주치의가 말렸다.

"수현 형이 이제 그만하라는 것 같다."

2006년 1월 5일, 만 33세. 내 영적 스승이며 친형과 다름없는 수현 형은 하나님의 부르심을 받았다. 형의 몸에서 생명을 지탱해 주던 의료장비들을 하나하나 떼어 냈다. 마지막으로 나는 형의 얼굴을 가슴에 안고 울었다.

형의 장례식에 구름처럼 몰려드는 추모객들을 바라보면서 나는 이것이 형의 장례식이 아니라 결혼식이었으면 얼마나 좋을까 하며 혼자 눈물지었다.

형이 천국으로 떠난 후 오랫동안 하나님께 기도하며 그 뜻을 물었다.

'형이 이 땅에 남아 있으면 더 많은 사람들에게 예수님의 향기를 전하고, 더 많은 주의 일을 했을 텐데 굳이 형을 부르신 이유가 무엇인가요? 하나님이 손해 아닌가요?'

너무 궁금해서 미칠 것만 같았다.

아직도 확실하게는 잘 모르겠다. 그 이유를 모를 땐 '하나님이 하시는 일은 참이다.'라는 결론을 내린다. 예수님이 돌아가신 사건도 이성적으로는 이해할 수 없지만, 그것이 하나님의 엄청난 구원의 역사의 핵심이 된 것같이 형의 죽음도 그렇다고 믿는다.

나는 국립중앙의료원 비뇨기과에서 오늘도 환자들을 돌본다. 의료수준은 높지만 다른 곳보다 저렴한 비용을 받는 병원이라 넉넉지 못한 분들이 많이 찾아오신다. 얼마 전엔 방광이 세 번째로 터진 노숙인 아저씨를 응급수술로 잘 고쳐 드렸는데 퇴원 전날 몰래 링거를 빼고 도망가셨다. 꼭 필요한 검사도 "돈이 얼마나 드나요?"라고 몇 번씩 묻다가 그냥 돌아가는 사람들을 본다. 마음이 아프다. 수현 형이 생각난다. 돈이 없는 조선족 할아버지 검사비용을 대신 내주던 형.

 가끔 흰 가운을 입은 형이 불쑥 내 진찰실로 들어오는 것을 느낀다. 환자들의 말에 더 귀를 기울이고, 더 친절하라는 형의 무언의 압력인가 보다.

의사가 환자에게
귀를 기울이는 순간

이번 달 근무지는 안산병원 중환자실(ICU)이다. 이곳 중환자실 시스템은 조금 달랐다. 어떤 과든 중환자 집중치료가 필요하면 ICU로 환자를 보내고, 그 순간부터 중환자실 주치의가 환자를 담당하게 된다. 그런대로 새 방식에 적응해 나가는 중이다. 혼자 중환자실의 모든 환자를 보기 때문에 중환자가 여러 명 되는 날은 레지던트 2년 차라고 해도 정말이지 너무 힘이 든다.

어제는 내 숙소 책꽂이에 꽂힌 책들 중 한 권을 집어 들었다. 폴 투르니에가 쓴 『귀를 핥으시는 하나님』이었다. 내가 읽기 전에 폴 투르니에를 좋아하는 사람에게 빌려 주었더니 정말 좋은 책이라며 의사라면 꼭 읽어야겠다는 말을 해 주었다.

단숨에 반쯤 읽어 나갔다. 폴 투르니에의 강연을 한데 모아 놓은 듯했다. 그가 정신과 의사였다는 사실이 내게 동질감과 이질감을 함께 느끼게 했다. 내가 맞닥뜨린 장은 '인격적 치유'라는 부분이었다.

"그것은 '만남'입니다. 사람이 자신의 문제와 아픔, 그리고 두려움을 정직하게 말하는 것입니다. 이때 인간은 서로 진정한 만남을 갖게 되며 문제는 해결됩니다. 의사들은 환자들이 자신에 대하여 말할 수 있도록 도와주어야 합니다. 그러나 종합병원의 의사들은 입원해 있는 환자들에 대해서 알려고 하기는커녕 말 한마디도 나누지 않습니다. … 환자들과 계속적인 이야기를 해야 합니다. 말을 하기 시작하면 더 자유롭게 말하도록 해야 합니다."

중환자실 주치의인 내 머릿속은 환자들의 수없이 많고 복잡한 혈액검사수치와 동맥혈검사, 흉부엑스선 사진, 인공호흡기를 뗄 것인지의 여부, 보호자들과의 면담, 다음 검사와 치료방침 등으로 가득 차 있다. 환자와의 대화는 생각할 수도 없었다. 나는 이렇게 변명했다.

'그래, 폴 투르니에는 1982년도의 정신과 의사이고, 나는 2000년도의 중환자실 주치의다. 그때하고 지금이 같을 수 있나.'

폴 투르니에는 의사와 환자 사이에 진정한 만남이 이루어져야한다고 했다. 그 가운데서 하나님이 함께 임재하신다고 말했다.

"만남의 빛은 의사들이 환자들보다 더 많이 안다고 주장하는 데서 자유로워지는 데 있는 것입니다. 문제는 시간이 아니고 의사가 변해야 한다는 사실입니다. 의사가 변하기 위해서는 그들의 마음이 열려야 합니다. 그것이 사람들의 개인적인 문제를 알게 하고, 환자의 문제를 알 수 있는 극적인 계기를 마련할 것이며 그래야 환자와의 신뢰관계가 성립되는 것입니다."

지난 3주 동안의 생활을 돌아보았다. 의식 없이 인공호흡기에 의존하고 계신 분들도 있지만, 사람들을 알아보고 대화할 수 있는 환자들에게도 나는 의학적인 질문 이외에는 다른 것을 물어보지 못했다. 병동 주치의 때는 환자들과 대화하는 것이 내 주특기였지만, 여기는 중환자실이었다.

그러나 인턴과 주치의 생활을 하면서 잊을 수 없는 만남의 순간들이 떠올랐다. 아무 상관없이 지나칠 수 있었던 사소한 일들이 하나님이 함께하심으로 진한 흔적으로 남게 된 바로 그 순간들이.

책을 덮으면서 마음으로 짤막하게 회개하는 시간을 가졌다. 그리고 다시 생각해 보기로 했다.

'중환자실이라고 안 될 것은 없잖아?'

이 생각의 변화가 다음 날 열매를 맺었다. 간암 말기 환자에게 예수님을 전하고, 함께 영접기도를 하게 되었다. 소망 없이 생명이 꺼져가던 환자가 '아멘'이라고 응답을 했다.

나는 조용히 눈물을 흘렸다.

사랑의 수고

안산병원 응급실, 아침 8시. 교대 두 시간 전이다. 약간 한가한 틈을 만나, 주머니에서 〈매일성경〉을 꺼내 읽었다. 데살로니가전서 1장이었다.

> "…우리가 너희 무리를 인하여 항상 하나님께 감사하고 기도할 때에 너희를 말함은 너희의 믿음의 역사와 사랑의 수고와 우리 주 예수 그리스도에 대한 소망의 인내를 우리 하나님 아버지 앞에서 쉬지 않고 기억함이니…"

데살로니가 교인들은 이름뿐인 크리스천이 아니었다. 그들은 말로만 복음을 떠드는 사람들이 아니었고, 그들이 전하는 내용을 몸으로 살아냄으로 그들의 믿음이 진리임을 증언했다. 우리는 기독교인이라고 하면서도 적당하게 타협하고 자위하면서 사는 경우가 얼마나 많은가. 죄를 지으면서도 입으로 찬양할 수 있고 성경을 가르칠 수도 있다. 내 삶에서 참으로 주님의 주권을 인정한다는 것은 얼마나 어려운가.

오늘 사랑하는 친구를 만났다. 그는 지난 3개월간 그의 어머니와 겪었던 고민들을 말했다. 그는 초등학교 교사이신 어머니와 함께 큐

티를 하다가 어머니가 학부모들로부터 촌지를 받는다는 것을 처음 알게 되었다. 그날 성경말씀에 비추어 그는 어머니께 촌지를 받지 말 것을 권유했다. 하지만 그의 어머니는 "내가 왜 촌지를 거절해야 하는지 그 이유를 모르겠다."며 거절하셨다. 내 벗은 그의 어머니를 설득했지만, 그 분은 완고하셨다.

결국 그는 어머니께서 생각을 돌이키지 않으면 함께 생활할 수 없다고 선언하고 고시원으로 들어갔다. 그 친구가 집을 나온 지 3개월 만에 어머니는 아들의 뜻을 따르기로 하셨다고 한다. 하나님 말씀에 충실하려는 내 벗의 치열한 삶이 나를 머리 숙이게 했다.

데살로니가 말씀 가운데 있는 "사랑의 수고"라는 단어가 자꾸 맴돈다. 타계하신 안병무 목사님은 그의 수필집 『너는 가능성이다』에서 이렇게 쓰셨다.

> 사랑은 두 가지가 있다. 저절로 '해지는' 사랑이 있고, '해야 하는' 사랑이 있다. …진짜 사랑은 '해야 하는' 사랑이 '해지는' 경우이다.

사랑이란 말을 지나치게 흔하게 쓰다 보니 진짜 사랑이 어떤 것인지 우리는 잘 알지 못한다. 입으로는 사랑을 고백하지만, 그에 따르는 수고는 회피함으로써 사랑이 사랑되지 못하고 있다.

수고라는 단어 레이버(Labor)는 의학 용어로 '분만, 해산'을 뜻한다. 사랑을 위해서는 해산의 고통이 따른다. 예수님이 나에게 묻고 계신다.

"이 잔을 마실 수 있겠느냐?"

최근 내게 용납하기가 너무나 어려운 가시 같은 이웃에 대한 고민을 쏟아 놓는 지체들이 있었다. 그들이 사랑의 수고를 통해 그들을 용납할 수 있기를, 또한 그 사랑으로 인해 그 사람들이 변화되기를 기도한다.

안락사를 생각하며

오늘 내 환자분과 오랫동안 이야기를 나누었다. 위암 말기로 음식을 거의 먹을 수 없어 수액에 전적으로 의존하며 버텨 가는 분이다. 그분은 자신은 죽을 준비가 되었다면서 고통 없이 죽을 수 있는 방법을 써서 이 답답한 시간을 줄여 줄 수 있겠느냐고 물으셨다. 안락사에 대한 말이었다.

안락사(euthanasia)는 희랍어 '유'(eu, 좋은)와 '타나토스'(thanatos, 죽음)의 합성어에서 파생된 단어다. 편안한 죽음, 고통이 없는 죽음을 뜻한다. 안락사는 현재 일반적으로 안락살해 혹은 자비사(mercy-killing)를 의미하는 것으로, 중환자나 불치 또는 빈사의 병자에 대해서 쉬운 죽음을 가능케 하는 인간의 행위를 말한다.

능동적인 안락사는 지극히 인본주의적인 발상으로, 나치는 2차 대전 당시 히틀러 정권하에서 사회의 짐이 되는 정신병 환자들과 장애인, 신생아, 유대인을 학살하는 이른바 홀로코스트를 '안락사 계획'(Euthanasia project)이라는 이름 아래 자행했다. 합리주의를 이유로 사람의 가치를 깎아내리는 사고방식은 안락사의 논리를 이해하는 데 가장 중요한 포인트가 된다.

나는 병원에 근무하는 내과 전공의로서 의사를 비롯한 병원 내의 모든 사람이 존재하는 가장 중요한 목적이 '환자를 위로하는 것'이라고 생각하고 있다. 단지 고통을 경감시켜 주는 물리적 도움뿐만 아니라, 환자의 불안한 마음을 달래 주고 안정시키는 모든 전인적인 접근이 포함된다. 환자는 어떤 병을 가진 대상이 아니라, 존중받아야 할 인격을 가진 객체다. 그러므로 술에 만취해 스스로 불에 뛰어든 사람을 위해서도 십여 년간 의학 교육을 받은 의사가 새벽 4시에 긴급호출을 받고 응급실로 뛰어와야 하는 것이다. 술꾼이라고 해서, 치매를 앓는다고 해서 가치 없는 사람으로 판단하는 것은 얼마나 위험한 일인가?

기독교 신앙을 가진 의사로서 나는 죽음을 앞둔 환자들을 대할 때마다 그들의 생명을 연장하고 고통을 줄여 줄 수 있는 방안을 찾기 위해 최선을 다한다. 그리고 한편으로는 그분들이 편안한 마음으로 죽음을 맞이할 수 있도록 도와드린다. 어떤 환자분에게는 다가오는 죽음을 차분하게 받아들이도록 이야기를 해드린다. 해결되지 않는 병으로 인해 퇴원 후 자살을 택했던 한 환자의 소식은 주치의 시절 내 마음을 많이 어렵게 했다. 고통을 피하기 위해 죽음을 택한 환자의 심정은 이해가 가지만, 올바른 결정은 아니다. 물론 무의미하게 생명을 연장해야 할 성경적인 근거는 찾을 수 없다. 그러나 죽음은 인생의 마감이 아니다. 부활과 영생으로 향하는 관문이다.

죽음을 기다리는 말기 환자 수에 비해 호스피스 상담을 받고 있는 환자는 턱없이 적다. 의료진들은 환자를 돌보는 데 있어 영혼의 문제와 인격적으로 대하는 교육을 받을 필요가 있다. 우리의 교육에는 이에 대한 고려가 없어 수많은 환자들이 지금도 밤새도록 수고하는 의료진의 도움을 받으면서도 아무런 고마움을 느낄 수 없는 것이다.

최근 말기 암 환자들의 수필이 각광을 받으면서 팔려 나가고 있다. 이들의 육체는 하루가 다르게 무너져 가지만, 그 사람은 무너지지 않는 것을 보게 된다. 헨리 나우웬은 교통사고로 사선을 넘나든 경험을 기록한 『거울 너머의 세계』에서 죽음을 목전에 두고 깨닫게 된 깊은 통찰을 전하고 있다. 이렇듯 죽음은 사람들의 영혼을 더욱 예리하게 다듬고 아름답게 하는 기회가 되기도 한다. 굳이 신앙을 가지고 있지 않은 사람이라 할지라도 존엄한 죽음을 맞이하기를 바라는 것은 모든 사람의 바람일 것이다.

요즈음 안락사에 대한 사회의 거대한 암묵적 승인이 일어나고 있음을 보고 있다. 우리는 이 문제가 사회에 끼칠 엄청난 파장과 영향력을 고려해야 한다. 사려 깊은 제도적인 보완 없이 안락사가 보편화되기 시작한다면, 그 피해는 우리 자신에게 돌아올 것이다.

홀로 외로울 때

어제 개인적으로 특별한 시간이 있었다. 나보다 한 학번 위였던 심재학 선배의 추도예배였다.

이유 없이 열이 계속 나서 감기약을 복용하다가 무심코 찍어 보았던 가슴 엑스레이. 거기에는 심장 크기만 한 종격동의 종괴가 있었다. 재학 형은 수차례의 항암치료와 두 차례의 골수이식, 또 그에 따른 합병증을 숱하게 겪어야 했다. 주치의 시절 만났던 재학 형은 그전부터 가지고 있었던 몽골을 향한 마음을 잃지 않고 있었다. 그의 병실에는 몽골의 그림이 붙어 있었다.

1999년 8월경, 일시적으로 호전되어 형이 퇴원한 적이 있다. 재학 형은 가능하다면 일반의로라도 몽골에 가서 그의 소명을 감당하고자 했다. 그러나 종양 표지자 수치가 다시 올라갔다. 형은 또 입원을 했고, 모든 이들의 염원에도 불구하고 악화일로로 치닫기 시작했다.

그의 몸은 온통 부어 있었고, 피부는 거칠었다. 이미 머리와 눈썹은 모두 빠졌다. 나는 형의 모습을 보면서 마음으로 울었다. 형은 가끔씩 혼미해지기는 했지만, 또렷한 정신으로 찾아오는 사람들을 맞아 주었다. 의사이기에 조금씩 나빠져 가는 자신의 상태를 누구보다 잘 느끼고 있었을 형이었다. 중심정맥도관이 삽입되고, 항암제가 투여되고, 구토와 오심, 심한 무력감 속에서 형은 이렇게 고백했을 것 같았다.

홀로 외로울 때에
내게 주님을
온 세상 너 가져도
내겐 주님을
-"Give me Jesus", 흑인영가(페르난도 오르테가의 〈HOME〉 중에서)

형의 사망 기사는 "슈바이처를 꿈꾼 29세 의사 심재학 씨의 안타까운 죽음"이란 제목으로 1999년 11월 11일 자 〈동아일보〉에 실렸다.

"같이 몽골에 가서 의료선교활동을 하자고 약속해 놓고 이렇게 혼자 훌쩍 떠나면 어떻게 하니…."
9일 밤 서울 성북구 안암동 고려대 안암병원 영안실.
29세의 짧은 생을 마감한 심재학 씨의 영정 앞에서 친구 박관태 씨는 흐르는 눈물을 주체할 수 없었다.
…대학 진학을 위해 재수하던 89년, 같은 입시학원에서 만난 두 사람은 일 년 뒤 함께 고려대 의대에 입학했다. 독실한 기독교 신자인 두 사람은 의대 기독학생회에 가입해 졸업할 때까지 매년 여름방학이면 무의촌 봉사활동을 한 번도 거르지 않고 다닌 단짝이었다.
친구 형윤준 씨는 "재학이는 근육병 환자들을 찾아갈 때마다 5시간이 넘도록 환자들의 대소변을 받아 주고 빨래를 해주면서도 한 번도 짜증내는 것을 보지 못했다"며 "그는 남을 위해 봉사하는 것에 행복감을 느꼈다"고 말했다.

형은 대학을 졸업할 무렵부터 국제교류협력단(KOICA)을 통해 의료봉사활동을 위한 나라로 몽골을 택했다. 오랜 연애 끝에 결혼한 동갑내기 형수님과 부모님도 흔쾌히 동의했다.

자신의 생이 얼마 남지 않았다고 느낀 형은 1일 관태 형에게 전화를 걸어 "5년 만이라도 더 산다면 함께 몽골에 갈 수 있을 텐데 같이 못 가게 될 것 같아 미안하다"며 "대신 내 꿈을 실현시켜 달라"는 마지막 부탁을 했다고 한다. 그로부터 나흘 후 재학 형은 혼수상태에 빠졌고 9일 끝내 눈을 감았다.

재학 형의 죽음 이후, 선배 한 명은 재학 형의 간곡한 부탁으로 현재 국제협력의사로 파견되어 몽골에서 일하고 있고, 형의 절친한 친구였던 관태 형 부부도 올해 전문의를 취득하고 역시 군대 대신 몽골을 지원하여 그 땅에서 형의 꿈을 이어가고 있다.

나는 재학 형의 장례식 때 밥 피츠의 "희생"(Sacrifice)을 마음속으로 부르면서 울었다.

어제 있었던 형의 추모예배에는 재학 형의 친구들, 고대 의대 기독학생회의 선후배들, 그리고 재학 형의 부모님과 홀로 남은 형수님이 참석했다. 비올라를 전공하는 형수님은 예배 시종 찬양을 연주했다. 신혼의 단꿈에서 미처 깨나기도 전에 남편을 잃은 형수님의 눈가에서는 평안과 슬픔의 눈물이 소리 없이 흐르고 있었다.

그는 멀리 있지 않다. 그를 우리 공동체 가운데 주셨던 것을 기억하는 사람들 속에 여전히 그는 살아 있어 우리가 그의 선한 일을 멈추지 않도록 독려하고 있음을 느꼈다. 몽골 땅을 향한 그의 꿈은 그의 마음을 품은 다른 이들의 손길에 의해 계속 진행되고 있다.

병실에서의 숱한 고통 가운데서도 바쁜 내과 1년 차인 나를 붙잡고는 좋은 자매를 소개해 주겠다면서 말을 걸어 주던 재학 형의 모습이 이 아침에 더욱 그리워진다.

주여 왜?

백성진

　나는 겁이 많다. 의심도 많고. 3대째 예수님을 믿는 집안이지만 개인적으로는 뜨거운 체험도 없는 밋밋한 교인이었다. 하지만 그날은 아무것도 보이지 않는 것처럼 교회 본당 앞으로 휘적휘적 걸어 나갔다. 사람들이 쳐다봤지만 신경도 쓰지 않았다. 무조건 강대상 앞에 엎드렸다. 참았던 울음이 터졌다.
　"하나님, 저한테 왜 이러시는 거예요?"
　불합격 통지를 받았다. 다니던 학교를 휴학하고 재수를 했지만, 의대 진학에 또 실패했다. 부모님을 어렵게 설득해서 얻은 마지막 기회였다. 공부도 열심히 했고, 성적도 많이 올랐는데 떨어지고 말았다. 이제 의사의 꿈을 접고 적성에 맞지도 않는 기계과로 돌아가야 했다. 그때는 몰랐다. 그저 꿈이 좌절된 고통만 있었을 뿐이었다.
　"이 책 한 번 읽어 봐라."

실망 속에 웅크리고 있던 나에게 수현 형이 작은 책 한 권을 주었다. 늘 그렇듯 무심한 얼굴로. 형이 준 책은 예수회 작은 형제회 수사인 카를로 카레토가 쓴 『주여, 왜?』였다.

저자인 카를로 수사는 알프스 마터호른 봉에 살면서 조난당한 사람들을 돕는 게 꿈인 열혈 등산가였다. 그러나 아프리카를 여행하던 중 몸이 안 좋아진 그에게 간호사가 허벅지에 주사를 놨는데 그 주사에는 다리를 마비시키는 독이 들어 있었다. 건장했던 카를로 수사는 스물네 시간도 못 되어 한쪽 다리를 못 쓰는 장애인이 되고 말았다. 하나님께 평생을 헌신하기로 약속한 수도사에게 닥칠 사소한 실수조차 막아 주지 않으신 하나님을 그는 원망했다. 더 이상 산을 오를 수 없는 그는 대신 사막으로 들어갔다. 30년 후, 그는 다리가 마비된 것이 하나님의 은총이었다고 고백했다.

'과연 그럴까? 꿈이 좌절된 나도 몇 십 년 뒤에 이런 고백을 할 수 있을까?'

확신은 없었지만 나는 복학을 했다.

무거운 마음으로 학교로 돌아간 해, 기적 같은 일이 일어났다. 내가 다니던 학교에 갑자기 전과 제도가 생겼다. 나는 의과대학 다음으로 꿈꾸어 왔던 건축학과로 옮기게 되었다. 건축학은 공부하면 할수록 재미가 있었다. 다른 학생들보다 늦게 시작한 전과생이었지만, 교수님의 칭찬을 받았고 A+가 수두룩 떴다.

'내가 제대로 왔구나.'

하나님은 알고 계셨다. 의학보다는 건축학이 내게 맞는다는 것을.

나를 지으신 이가 나보다 나를 더 잘 아시고 길을 인도하셨던 것이다.

건축을 할수록 하나님이 이 세상과 인류와 나를 지으신 것에 대한 의심이 다 풀렸다. 집 하나를 짓는데도 건축자의 완벽한 설계가 필요하다. 하물며 완벽한 지구와 그 지구 위의 완벽한 인류가 그저 번개와 아미노산의 합성으로 저절로 생겼다는 것은 거짓말이다. 특별히 인류 역사상 오직 한 명뿐인 '내 존재' 역시 우연의 산물이 아니다. 정말 귀한 존재다. 밤새워 얇은 카드보드를 자르고 붙여 건축 모형을 만들면 얼마나 애착이 가는지 모른다. 절대로 버릴 수가 없다. 종이로 만든 불완전한 모형도 이렇게 애지중지하는데, 나를 만드신 하나님은 얼마나 나를 사랑하고 계시겠는가? 나는 새로운 길에서 삶과 신앙을 되찾았다.

수현 형은 영락교회 대학부 1학년 때 만났다. 대학부 찬양대만 하려는 나를, 형은 자신이 리더로 있던 성경공부반으로 데리고 갔다.

"성진아, 찬양대도 좋지만 믿음이 성장하려면 반드시 성경공부를 해야 해. 그래야 다른 봉사도 할 수 있어."

그 성경공부반의 이름이 '스티그마'였다. 스티그마 성경공부반은 전설적인 리더들로 유명했다. 일 년 동안의 성경공부 내용을 캠코더로 찍어 연말이면 조원들에게 나눠 주던 형도 있었고, 참석 못한 조원들을 일대일로 찾아가 가르쳐 주던 형도 있었다. 이런 전통을 이어받은 수현 형도 만만치 않았다. 딱 맞는 신앙 서적을 사서 조원들에게 선물해 주고, 어떤 고민도 밤늦게까지 들어 줬다. 형의 말 한마디에 울기도 하고, 가족에게 말할 수 없는 고통을 다 털어놓기도 했다. 하님께 기도하기보다 형부터 먼저 찾는 것이 마음에 걸려 억지로 떨어져 있던 시간도 있었으니까.

그랬던 형의 갑작스런 죽음 소식은 말할 수 없는 슬픔이었다. 울다가 지쳐 영안실 복도 건너편 의자에 앉아 형의 영정사진을 멍하니 응시하면, 형은 마치 이렇게 얘기하는 것 같았다.

"나는 괜찮아. 나를 위해 너무 슬퍼하지 않아도 돼. 내가 살려고 했던 삶을 네가 다 봤지? 이제 네가 그렇게 살렴."

형이 소천하고 3개월 후 나는 결혼을 했다. 아내는 형의 가장 귀한 선물이다. 형이 소개해 준 자매이기 때문이다. 이제 마흔이 된 나는 두 아이의 아빠가 되었다.

우리 집 거실에는 주물로 된 갈색 십자가가 걸려 있다. 형이 내게 준 것이다. 우리 부부가 두 아이를 낳고 행복하게 사는 모습을 보여주고 싶어 나는 어디로 이사를 하든 그 십자가를 걸어 둔다.

건축을 전공한 나는 한 가지 꿈이 있다. 언젠가는 성경말씀을 형상화한 공간을 꾸며 보고 싶다. 특별히 막다른 길 혹은 출구가 없어 보이는 닫힌 공간이라 할지라도 예상치 못한 곳에 마치 하나님의 손길과 같은 문이 숨어 있는 그런 공간 말이다. 어떤 절망 속에서도 하나님이 주신 출구가 있으며 그 출구를 통해 우리가 예상할 수 없는 큰 은혜와 인도하심을 맛볼 수 있기 때문이다.

사막으로 들어간 후 지프차를 타고 다니는 기상학자가 된 카를로 수사는 『주여, 왜?』에서 이렇게 말했다.

"우리에게 내일을 향해 움직이게 하는 데 고통보다 더욱 효과적인 박차는 없습니다."

그리고 결론을 내렸다.

"고통을 줄이기 위해서는 더욱 많이 사랑하십시오."

신앙의 모험과 실험

인턴 시절 내내 내 머리를 떠나지 않았던 두 단어가 있다. 신앙의 '모험'과 '실험'이라는 단어다.

'모험'이라는 단어는 폴 투르니에의 책 『모험으로 사는 인생』과 존 화이트의 『내적 혁명』에 나오는 "하나님이 일으키시는 파도를 잘 타는 것"이란 내용과 맞닿아 있다.

'신앙의 실험'이라는 단어는 내가 속해 있는 교회 대학부의 성경공부팀이 시작되었을 때, 처음 이 모임을 만든 분들이 쓰셨던 글에서 나왔다. 나는 지금도 이 글을 소중하게 간직하고 있다.

> "날이 갈수록 각자의 삶에서 하나님과의 시간, 신자끼리의 시간이 줄어들 수밖에 없는 세상에서 우리는 살고 있습니다. 하나님을 믿는다고 하면서도 실제로 어려운 상황에 부딪치면 스스로 빠져나갈 구멍을 열심히 찾을 뿐 하나님을 신뢰하지 않을 때가 얼마나 많은지요.
> 그래서 우리는 완성되지 못한, 그렇기에 자주 실수하고 자주 좌절하는 신앙의 실험을 시작하고자 합니다. 이 작은 실험실에서 말씀의 훈련을 기본으로 하여 공동체 훈련을 통한 청교도적 삶, 하나님의 말씀을 선포하는

삶, 이웃과의 나눔의 삶, 용서의 삶, 회개의 삶, 몸으로 제사 드리는 헌신의 삶, 정직한 삶을 한 가지씩 실험해 보고 싶습니다. 그리하여 우리의 삶에 '나는 예수 그리스도의 것'임을 나타내는 스티그마를 갖고자 합니다."

본과로 올라갈 때, 나는 대학부 성경공부반 리더를 처음 맡게 되었다. '매주 초마다 시험을 봐야 하는 본과 1학년 1학기에 과연 주일 오후 성경공부반 리더를 해낼 수 있을 것인가?' 하는 질문과 싸워야 했다. 그 이후로도 질문 내용은 조금씩 달라졌지만 질문의 본질은 같았다.

신앙이 상황을 이겨 낼 수 있는가?

인턴을 시작할 때도 같은 두려움이 존재하고 있었다. 학생 때는 신앙이 좋았으나 병원생활을 하면서 그 빛이 바래 갔던 선배들을 기억하면서 나 역시 움츠러들었다.

'과연 주일을 잘 지킬 수 있을까?'

'그리스도의 자녀로서 부끄럽지 않은 삶을 살 수 있을까?'

'계속 술을 입에 대지 않고도 사회생활을 잘해나갈 수 있을까?'

그렇게 인턴을 시작했다. 매달 과가 바뀔 때마다 두려움이 뒤따랐다. 하지만 하나님은 부족한 자를 돌아보셨고, 은혜를 입게 하셨다. 계속 술을 입에 대지 않고서도 병원생활을 껄끄럽지 않게 할 수 있었고, 간호사들에게 복음을 전해 열 명 정도 되는 분들이 함께 예배하고 기도 모임을 갖게 되었다. 다른 사람보다 특별히 편한 인턴생활이 아니었는데도 주일에 내가 출석하던 교회에 가지 못한 날은 딱 한 번이었다. 찬양대에도 3분의 1은 설 수 있었다.

지난주에 서점에 가서 기독교 서적을 10만 원어치 정도를 샀다. 나를 기억해 주는 직원이 한마디 했다. "매번 많이 사 가시는군요."

얼추 짐작해 봐도 일 년 동안 다른 사람들과 나눈 책과 찬양테이프가 백만 원을 훌쩍 넘었다. 내가 받은 월급의 십일조를 나누는 데 쓴 셈이다. 기쁘다.

쑥스러움을 무릅쓰고 후배들에게 하고 싶은 말이 있다. 우선 주일을 지키는 것이 중요하다는 것이다. 주일에 받는 오프가 토요일보다 짧아도 주일에 오프를 받으려고 노력해야 한다. 병원에서 예배를 드릴 수 있지만 가능한 한 자신이 출석하는 교회에서 예배를 드리려고 노력해야 한다. 쉬는 날을 손해 보고, 하루 더 당직을 서더라도 그렇게 하는 것이 당연하다. 응급실을 돌 때, 하루 더 당직을 서는 대신 주일을 모두 오프로 일정을 받은 적도 있다. 이렇게 하는 것은 당신에게 무엇이 중요한지를 주위 사람들에게 드러내기 좋은 기회가 될 것이다.

그러나 일을 할 때는 윗사람에게 보이기 위해서가 아니라 환자를 위해 하나님 보시기에 부끄럽지 않게 해야 한다. 자다 말고 새벽 2시에 채혈이나 소변줄을 넣어 달라는 '폴리 콜'(foley call)을 받으면 짜증이 나겠지만, 그래도 환자의 불편함을 생각하고 빨리 해결해 주는 것이 옳다. 혹 주위 사람들이 나의 이런 태도를 이용하는 것 같더라도 개의치 말아야 한다.

우리의 싸움은 무엇이 옳고 그른가의 문제가 아니다. 안 해도 되고 아무도 무어라 하지 않을 문제라 해도, 하나님의 말씀을 기억하며 내면에서 울려 나오는 목소리에 귀를 기울일 것인가 말 것인가의 싸움인 것이다.

나는 아직 작은 그릇이다. 한 해 동안 하나님의 은혜의 통로 역할을 부족하나마 해낸 것에 감사하다. 계속 그 통로의 역할을 하고자 할 때 하나님께서 은혜를 내게 부어 주실 것이고, 나는 더 많은 사람들에게 은혜와 사랑과 생명을 전하는 통로가 되어 가리라.

기억하자. 피가 흐르지 않는 혈관은 퇴화한다는 것을.

이제 1년 차를 준비하면서, 한 해 동안의 실험과 모험에 신실하게 응답하신 하나님께 감사드리며, 나의 부족함으로 인해 그분의 영광을 가리는 일이 없기를 기도할 뿐이다.

전설의 선배들

교제하는 자매가 아무리 졸라도 대학부 성경공부 리더로 섬기기 위해 토요일 저녁은 성경공부 준비 시간으로 떼어 놓은 선배가 있었다. 사귀는 자매에게 "넌 나보다 조원들이랑 말씀이 더 좋은 거지?"라는 싸늘한 말을 들으면서까지.

교회 대학부 1학년 때 만난 선배들은 정말 예수를 위해 죽으려는 사람들이었다. 자기의 건강과 학점과 사생활과 그 모든 것을 버렸다. 조원이 사정상 성경공부를 빠지게 되면, 직장생활을 하는 바쁜 중에도 꼭 보강을 하던 선배도 있었다. 건강이 너무 안 좋아져 쉬라고 권해도 주님의 일을 하다가 죽는 것이 가장 행복한 일이라고 말했던 그 선배를 나는 기억한다. 그들은 직장을 다니면서도 주의 일을 하느라 뛰어다녔고, 남보다 늦게 영어공부를 하고 유학을 준비했지만 결코 우선순위가 바뀌지 않았다.

그들을 보면서 더욱 놀란 것은, 이 세상에서 사람의 힘으로는 도저히 해결되지 못할 것이라고 여겼던 고민들을 그리스도 안에서 해결해 나간다는 것이었다. 몸부림을 치면서 말이다. 그렇게 처절하게 얻은 만큼 더욱 처절하게 자기 삶을 주님께 걸었고, 하나님은 그런 선배들의 앞길을 지켜 주셨다.

지금 나는 어떤 모습으로 비춰지고 있을까? 때가 오래므로 이제 내가 본이 되어야 할 터인데 나는 여전히 젖만 먹고 있지 않은가. 마치 갓난아이가 자기가 세상의 중심이고, 모든 것이 자기를 위해 존재하는 것으로 여기듯 나도 영적으로 어려서 하나님이 나를 위해 존재하신다는 착각을 하는 것은 아닌지 모르겠다.

선교한국대회 때 한 목사님이 해주신 말씀이 있다. 그분은 북한 선교를 위해 헌신하신 분이다.

"어느 날 아침, 항상 하나님께 이것저것을 달라고 간구만 하던 제가, 하나님이 저의 종이 아니라 제가 하나님의 종이라는 것을 깨닫게 되었습니다. 그 뒤로는 아침마다 이렇게 기도했습니다. '하나님, 오늘은 제가 당신을 위해 무엇을 도울까요?'라고. 그래서 여기까지 왔습니다."

바로 이것이 영적으로 성숙한 사람의 태도다. 적당히 성경공부하고, 적당히 고민하고, 술도 좀 마시고, 노래방도 가끔씩 가고, 시험 기간엔 주일 예배 한두 번씩 빠지다 보면 그리스도인에게는 남아나는 것이 하나도 없다.

『끝나지 않은 여행』의 저자인 스콧 펙은 말한다.

"자기통제력이란 즐거움을 유보할 줄 아는 능력이다."

교회 일이 많다고 불평하면서, '나'에게만 매여 내 앞날 준비만 하며 불경건과 나태함을 부추기는 것을 그쳐야 한다. 성장의 소망을 가지고 치열하게 고민하며 훈련을 받아야 한다. 영적으로 더욱 성장해야 한다. 이젠 나를 위해 존재하는 하나님이 아니라, 하나님을 위해 존재하는 그리스도인으로서 그분을 위해 고난을 받고 세상 조류를 거스름으로, 썩어짐으로, 내가 바로 그 전설의 선배가 될 차례다.

불가능한 일들,
그러나 선하신 하나님

의대 본과생활을 시작할 때 너무나 궁금한 것이 있어 한 선배에게 질문을 했다.

"형, 본과 올라가도 교회생활 잘할 수 있어요?"

"그럼!"

"…?"

그 대답을 해준 선배에게 지금도 고마움이 남는다. 그렇지 않았으면 4년 내내 주일예배를 드리러 갈 것인지, 리더 생활을 접을 것인지 계속 고민하며 살았을 것이다. 갈등이 일어날 때마다 그 선배의 대답을 기억하며 최선을 다해 교회를 섬기려고 애썼다.

졸업과 동시에 인턴 1년 과정을 앞두고 또다시 의문이 들었다.

'인턴하면서도 교회에서 섬길 수 있을까?'

그해 봄, 주일 4부 갈보리성가대에 들어갈 때만 해도 많은 걱정이 있었다.

'얼마나 제대로 참여할 수 있을까. 가을에 있는 갈보리 음악회는 고사하고 주일예배 때 단에나 설 수 있을까? 공동체 사람들과 교제할

수 있을까? 나는 이 공동체에 어떤 유익을 끼칠 수 있을 것이며, 또 어떤 도움을 받을 수 있을까?'

그러나 그해 가을 음악 예배 때 하이든의 〈천지창조〉 연주가 끝난 직후, 내게 가장 먼저 떠오른 생각은 '하나님, 이것도 가능케 허락하셨군요. 감사합니다.'였다. 그동안 정신없이 바빴던 내과 인턴생활이 눈앞에 스치면서 찬양대에 설 수 있도록 해주신 그 한 가지 사실에 흐르는 눈물을 참을 수 없었다. 일 년 동안 하나님은 얼마나 선하셨던가. 비록 마지막 리허설에도 참여할 수 없을 정도로 연습에 꼬박꼬박 나올 수는 없었지만 나는 정말 최선을 다했다.

주일예배도 드릴 수 없을 것 같았던 인턴생활. 하지만 주일을 지키지 못한 적은 딱 한 주뿐이었다. 주말 오프를 통해 성가 대합창제의 시간도 허락하셨고, 짧은 여름휴가에는 수련회에서 하나님 말씀을 들을 기회도 주셨다.

지난겨울, 소망 가운데 준비했던 해외의 경배와 찬양을 함께 보는 '예혼 예배'도 교회 정식 프로그램으로 인정되고, 이 일을 함께할 사람들도 허락하셨다. 나는 하나님께 "음악 예배만으로 충분합니다."라고 고백했지만 기대하지도 않았던 찬양대 엠티까지 갈 수 있었다.

물론 모든 일이 다 이루어져서 하나님이 선하신 분이라고 고백하는 것은 아니다. 간구했던 더 많은 일들이 늦춰지고 실망스럽게 끝나 버리기도 했다. 하지만 하나님의 마음을 따라 구한 것들이면 하나님이 허락하실 때에 아름답게 열매 맺을 것임을 나는 믿는다. 하나님께서 내게 행하신 일들로 인해 더욱 새로워진 믿음이 그 틈을 능히 메워 줄 것이기에.

마음에서 들려오는
사랑의 소리

학교 후배의 아버지를 문병하고 왔다. 지난 봄, 대장암 수술을 받으셨는데 간으로 전이가 된 것이 이번에 발견되었다. 오늘 수술을 하러 들어가셨는데, 예상보다 많이 퍼져 있어서 그냥 닫고 나왔다고 한다. 후배의 눈에서 계속 솟아 흐르는 눈물. 그의 손에 책 한 권을 전해 주었다.『마음에서 들려오는 사랑의 소리』. 헨리 나우웬이 절망의 순간에 썼던 책이다.

이 책은 언뜻 보기에 예쁘게 만들어진 금언집 같지만, 그 내용을 알기 위해서는 머리말을 꼭 읽어 봐야 한다.

"이 책은 1987년 12월부터 1988년 6월까지 쓴 일기를 토대로 한 것이다. 당시는 내 인생에서 가장 힘들고 고통스러운 시기였다. …나는 내 인생을 지탱해 오던 모든 것이 허물어졌다고 생각했다. 자존심, 삶과 일을 지속할 수 있는 힘, 영혼의 치유를 바라는 마음뿐만 아니라 심지어 하나님께 대한 믿음까지도 허물어져 내렸다.

영적 삶에 대한 글을 쓰는 작가로서 하나님을 사랑하고 사람들에게 희망을 심어 준다고 알려진 나 자신이 칠흑 같은 어둠 속에 내팽개쳐진 것 같은 두려움과 고통에 떨며 하루하루를 보내고 있었다. …사람들이 나를 신앙심 깊은 신부라고 존경하던 바로 그때, 내 마음속에서는 하나님께 대한 믿음이 사라지고 있다는 생각을 했다. 사람들이 하나님께 더 가까이 다가갈 수 있도록 도와주었다고 고마워하던 그때, 나는 하나님이 나를 버리셨다고 생각했다."

그의 일기 『새벽으로 가는 길』(이후 『데이브레이크로 가는 길』로 제목이 바뀌어 출간되었다)을 읽으면서도 그의 진실된 고백에 놀란 적이 있지만, 이번만큼은 아니었다. 나에겐 그런 적이 없었던가? 얼른 기억이 나지 않는 것은 믿음이 좋아서가 아니라 하나님께 차마 그런 솔직한 표현을 할 용기가 없어서가 아닐까. 헨리 나우웬의 철저한 진실됨이 나의 부끄러운 모습을 보게 해준다.

그가 겪었던 시련과 고통은 사랑하는 친구와의 우정이 갑자기 무너져 내리면서 시작되었다.

"인간과의 어떤 우정도 내 마음 깊은 곳에서 우러나오는 열망을 채울 수 없고, 오직 하나님만이 내가 원하는 모든 것을 주실 수 있으며, 오직 예수님만이 내 길을 함께 가는 진정한 동반자라는 사실도 잘 알고 있었다. 그러나 이런 생각도 내 고통을 덜어 주지는 못했다."

때때로 머리로는 알고 있지만 답이 안 될 때가 있다. 위기에 빠진

헨리 나우웬이 우리와 다른 점이 있다면, 자신을 냉정하게 진단하고 해부할 수 있었다는 것이다. 그는 이 위기를 벗어나려는 몸부림으로 글쓰기를 시작했다. 자신의 영혼에게 "내 영혼아 네가 어찌하여 낙망하며 어찌하여 내 속에서 불안하여 하는고 너는 하나님을 바라라 그 얼굴의 도우심을 인하여 내가 오히려 찬송하리로다"(시 42:5)라고 계속적으로 말을 한 것이다. 이 글은 그 영적인 싸움의 기록이다.

책을 조금씩 읽어 가다 보면, 마음 구석구석에서 울리긴 했으나 잘 듣지 못했던 그분의 위로의 음성이 들려온다. 그가 쓴 가장 마지막 글 "끊임없이 하나님을 선택하라"를 옮겨 본다.

"앞으로도 힘들고 괴로운 선택의 순간이 올 것이다. 그러나 두려워해서는 안 된다. 네게는 이제까지 어려운 시기를 함께해 준 사람들이 있다. 그들은 앞으로도 네 곁에서 너를 위해 위로와 기도를 아끼지 않을 것이다. 그리고 너는 하나님과 그분이 보내신 사람들과 함께 살아가고 있고, 사랑과 보살핌을 받는다는 사실을 기억해야 한다. 이렇게 하나님의 이름으로 이루어지는 일들은 너를 영원한 생명으로 이끌 것이다.

그러므로 아무리 힘든 선택의 시간이 오더라도 하나님이 바라시는 쪽을 선택해야 한다."

"결코 다른 사람들에게 보이고 싶지 않았던 묵상일기"는 일기를 쓴 지 8년이 지난 후 그의 벗들의 강권에 의해 1996년 빛을 보게 되었고, 그의 마지막 책이 되었다.

"당신이 어떤 길로 가야하는지를 너무나 잘 알면서
그 길을 의심하는 습성을 경계하십시오.
주저하지 말고 첫 발걸음을 떼십시오.
하나님께서 말씀하실 때 마음을 강하게 먹고 말씀대로 당장 믿음으로 행동하십시오.
당신의 결단을 절대로 재고하지 마십시오.
…지금 당신이 있는 그곳에서 주님의 말씀대로 첫 발걸음을 떼십시오."

-오스왈드 챔버스, 『주님은 나의 최고봉』

2장

주와 함께 달려가리이다

―――
그는 주위 사람들에게 선물을 주는 정말 이상한 의사였습니다. 홀로
병실에 누워 있는 환자에게는 찬송가테이프를,
아직 예수님을 믿지 않는 사람에게는 성경을,
환난 중에 낙심한 그리스도인들에게는 소망을 심어주는 책을, 누워만
있는 병든 어린 환자에게는 집까지 찾아가
동화책을 읽어주는 선물을,
하반신이 마비된 청년에게는 콘서트장에 동행해주는 깜짝 선물을,
백혈병에 걸린 소녀의 생일에는 예쁜 모자를 선물했습니다.
그가 메고 다니던 가방에서는 마르지 않는 샘물처럼
선물들이 나왔습니다.
돈이 없어 병원 문을 돌아나가던 조선족 할아버지에게는
검사비를 대신 내주고,
돌보던 환자가 사망하면 단정하게 옷을 차려입고 장례식에 찾아가던
그는, 자신의 소명 "하나님 앞에서(코람데오)"를 따라 병들고 소외된
사람의 손을 잡아주며 자신이 가진 모든 것을 나눠주고자 애를 쓰던
바보의사였습니다.

나의 최고의 멘토

송영주

　그는 의식이 없었다. 산소포화도 88퍼센트. 그의 생명은 아슬아슬 걸려 있었다. 창밖에는 정오의 겨울 햇빛이 가는 금실처럼 흔들렸다.
　나는 그의 검지를 가만히 잡았다. 혹시나 얼어붙은 내 손이 너무 찰까 봐서 시트 한쪽으로 그의 손가락을 감싸 주었다. 시간이 날 때마다 조용히 기도를 하고 돌아갔는데, 오늘은 마음속으로 그에게 말을 걸었다.
　'일어나, 수현아. 제발. 나는 네가 좋아하는 자매를 만나서 결혼하고 가정을 꾸리고 아이들을 낳고 행복하게 사는 걸 보고 싶어. 진심으로. 그러니까 어서 일어나. 제발 일어나 줘.'
　순간 산소포화도를 가리키는 숫자가 하나씩 올라가기 시작했다. 90, 95, 98, 그리고 100이 되었다. 깜짝 놀랐다.
　'수현아, 너 정말 내 기도를 듣고 있는 거니?'
　알람이 울렸다. 밖에 있던 간호사가 달려 왔다.

"모니터가 이상하네요. 산소포화도가 100이에요."

그녀는 센서의 위치를 수현이 귀 쪽으로 옮겼다가 다시 손가락에 끼웠다. 산소포화도는 조금씩 떨어져 갔다. 98… 97… 92… 그리고 다시 88이 되었다. 수현이는 여전히 의식 불명이었다.

14년 전, 그날은 내가 인공신장실에 근무하고 있을 때였다. 만성신 질환자인 아주머니 한 분이 혈액투석 중에 호흡곤란을 일으켰다. 응급상황이었다. 키가 크고 몸이 건장한 청년 의사가 호출을 받고 투석실로 들어왔다. 그가 천식을 의심했는지 네뷸라이저(nebulizer)를 준비시키면서 청진기를 꺼내 가슴을 진찰했다. 갑자기 아주머니의 얼굴이 흙빛으로 변하면서 쓰러져 버렸다.

"인투베이션(기도삽관) 준비해요, 빨리!"

환자의 기관지 상태가 삽관하기에 급박했지만, 그는 침착하게 튜브를 삽입했다. 그 젊은 의사는 신경이 곤두섰을 텐데도 화를 내거나 소리를 높이지 않았다. 그는 환자의 침대에 올라탄 채로 앰부(수동식 인공호흡기)를 짜면서 중환자실로 내달렸다.

마음이 좋지 않았다. 오랫동안 간호사로 일했지만 이런 상황은 별로 없었다.

'아주머니께서 이제 돌아가시겠구나.'

환자분은 이미 동공도 커져 있었다. 다행히 심장이 돌아온다고 해도 산소 결핍으로 인한 뇌손상이 걱정되었다. 이제 다시는 만나지 못할지도 몰랐다. 아직 어린 두 딸이 엄마를 열심히 간호했었는데. 삶과 죽음이 순식간에 갈라지는 것은 의료 현장에서는 흔한 일이었다. 그래도 돌보던 환자가 잘못되면 늘 마음이 아팠다.

며칠 후, 그 젊은 의사가 나를 찾아왔다.

"많이 놀랐지요? 아주머니의 의식이 돌아왔어요. 걱정할까 봐 소식 전해요."

그리고 덧붙였다.

"혹시 교회 다니세요?"

그 의사가 안수현이었다. 나는 그가 믿을만한 사람이라고 생각했다. 우린 동갑이었고 친구가 되었다.

서울로 온 후 나는 마땅한 교회를 찾지 못하고 있었다. 수현이를 따라 영락교회에 등록하고 젊은이 예배에 참석했다. 전통적인 예배에만 익숙했던 내가 손들고 찬양하는 그런 예배가 좋아졌다. 수현이가 리더로 있던 예혼 예배에도 갔다. 거구의 흑인목사 론 케놀리의 찬양 집회 실황이었다. 찬양 사역자들의 간증에 공감이 되었고 은혜가 넘쳤다. 주렸던 영혼이 맛있는 음식을 먹은 것 같은 포만감이 들었다. 이렇게 좋은 예배에 빈자리가 많은 것이 마음에 쓰였다. 다음 달도, 또 다음 달도 예배에 참석했다. 연말에는 자연스럽게 예혼의 스태프가 되었다.

나는 자존감이 약한 편이었다. 중학교 때는 외로움을 많이 탔고, 장래에 대한 두려움이 있었다. 나는 잘하는 게 없다고 생각했다. 그것이 나를 위축시켰다. 수현이는 한눈에 나를 알아봤다. 그는 나에게 헨리 나우웬의 『상처 입은 치유자』와 『열린 손으로』를 주었다. 『열린 손으로』에는 이런 글이 있다.

> 자신의 손안에 잔뜩, 단단히 집착하려는 욕구, 미래에 대한 두려움, 자신의 부족함 등등을 손안에 쥐고 '우리가 내놓기 원하지 않는 작고 차가운 동전들'로 우리의 손을 채워 간다.

내가 이런 동전들을 쥐고 있으면 하나님의 손을 잡을 수 없다고 했다. 그의 말이 맞았다. 약한 불에 데운 물과 같던 내 신앙은 예혼이라는 예배공동체를 만나 그 안에서 내공이 쌓이고 단단해졌다.

수현이에게는 약한 자들을 알아보고 그들의 필요에 민감하게 반응할 줄 아는 은사가 있었다. 환자들은 물론이고 그의 시야에 들어오는 모든 사람이 대상이었다. 그는 마음이 따뜻했을 뿐만 아니라 기억력도 좋았다.

"나는 다 기억이 나. 어떤 때는 그것이 힘이 들어."

그것이 머리가 좋은 탓만은 아니라는 것을 나는 알고 있었다. 타인에 대한 사랑하는 마음과 관심이 있었기 때문에 기억을 하는 것이었다. 수현이는 인공신장실에서 만난 그 환자가 무사히 퇴원한 후에도 개인적으로 연락을 하고 지냈다. 동두천 근처 그 아주머니 집을 찾아가 안부를 묻기도 했다. 백혈병을 앓던 은진이, 안구종양을 앓던 동엽이, 사고로 누워 있던 달수, 선영이…. 수현이에게는 돌봐야 할 영혼들이 넘쳤다. 교회에서도, 병원에서도, 심지어 군대에 가서도 그에게는 쉴 시간이 없었다.

    시간이 많아서 남들을 도운 것은 아니었다. 잠자는 시간을 희생했다. 그는 평소에 두서너 시간을 잤다. 그가 잠이 없는 사람은 아니다. 놀 권리, 잘 권리를 다 포기하고 사람들을 돌본 것이다. 아무 이유도, 바라는 것도 없었다. 하나님 앞에서 그의 마음을 인도하시는 대로 따라갔을 뿐이다. 가끔 그가 자신을 돌볼 권리까지 포기한 것은 아닐까 하는 생각이 스치기도 했다.

    수현이는 잠시 차도를 보이다가 급격히 악화되었다. 수현이가 황달로 노랗게 변하는 꿈을 꾸고 놀라서 중환자실로 달려간 적이 있다. 이번에는 꿈이 아니었다. 수현이의 온몸이 황달로 덮여 있었다. 바이탈사인이 흔들렸다. 처음으로 수현이가 죽을 수 있겠구나 생각했다. 하나님은 당연히 수현이를 일으켜 주실 줄 알았는데.

    예흔팀을 병원으로 불러 모았다. 마지막으로 수현이와 작별인사를 나누게 했다. 그래도 하나님을 붙들어야 했다. 중환자실 밖에 모여 기도를 드렸다. 수현이에게로 달려가는 내과 교수님들의 황망한 발걸음 소리가 들렸다.

    '제발 이것이 끝이 아니길…'

    기도와 울음이 뒤엉켰다.

    수현이의 임종 자리에 내가 서 있었다. 그의 폐혈관들이 터져 피가 솟아 나왔다. 선후배 의사들은 가운을 피로 적시면서 심폐소생술을 했다. 그들도 지쳐 쓰러졌다. 울부짖음… 흐느낌… 기도 소리… 그리고 적막함. 빨리 깨어났으면 하는 꿈속에 수현이가 누워 있었다. 그의 얼굴은 평안했던가? 사람들이 슬로모션처럼 움직였다. 바닥의 피를 닦았다. 나의 귀에는 아무 소리도 들리지 않았다. 하나님은 우리가 기대했던 기적을 보여 주지 않으셨다.

사람들은 나에게 꿋꿋하다고 했다. 오랜 친구였고, 예훈의 동료였던 수현을 떠나보내고 일상으로 돌아간 내 모습이 평안하다고 했다. 그렇지 않다. 나는 수현이가 그립고 보고 싶었다. 하지만 내가 이해할 수 없는 죽음에도 하나님의 선하신 뜻이 있다고 믿었다. 그것이 하나님의 선이고 최선이라면, 수현이에게도 선이고 최선일 거라고.

상자 안에는 귤 다섯 개, 오렌지주스 한 병, 비스킷 두 개가 들어 있었다. 내가 맡은 중등부 여학생이 내게 준 선물이었다. 그들은 하나님이 내게 보내 준 천사들이다.

올해 맡은 다섯 명의 녀석들은 정말 볼만했다. 중등부 예배 시간에 맨 뒷줄에 앉아 머리를 푹 박고 있는 녀석들은 다 우리 반 애들이었다. "나 건들지 마요!" 하는 무언의 시위였다. 담배 피고 맥주 마시다 걸려 수련회에서는 두 명이 쫓겨났다. 아무것도 잘하는 게 없다고 생각해 자꾸만 위축되었던 내 중학교 시절을 돌아보며, 진심으로 그들을 격려하는 교사가 되고 싶었다. 수현이가 늘 해주었던 말들로 아이들을 격려했다.

"너는 최고야." "너는 가능성이 있어." 그리고 그보다 더 중요한 말, "임마누엘의 하나님이 너와 함께 계시단다."

한 녀석 두 녀석 예배 시간에 머리를 들고, 눈을 반짝이고, 친구에게 전도를 하고, 어느새 고등부에 올라가 회장도 하고 임원도 하는 아이들.

내 손안에 꼭 쥐고 있던 작고 차가운 동전들을 버렸다. 손을 열고 하나님이 이끄시는 대로 채우시는 대로 산다. 수현이는 나의 최고의 멘토였다. 그를 기억하면서 그가 베풀던 사랑의 물줄기를 중등부 아이들에게 아낌없이 흘려보낸다.

결코 잊지 않으리

내과 전문의 1차 시험을 치르고, 2차 슬라이드 시험을 준비하고 있던 중에 돈 모엔 목사의 〈Let your glory fall〉을 다시 들었다. 다 좋은 곡들이지만, 첫 곡을 들으면서 많은 것을 생각할 수 있었다. 그 곡을 부르는 도중 이런 내용의 기도가 들린다.

주님, 당신께서 우리 삶에 여태까지 행하셨던 일들로 인해
감사드립니다.
오늘 밤 우리는 또한 당신께서 앞으로 행하실 일들로 인해
먼저 감사를 드립니다.

잠시 히브리서 11장의 말씀을 생각했다. 약속을 받았지만 그 결과를 보지 못하고 죽으면서도 기뻐했던 많은 믿음의 선진들과 신앙의 선배들. 아직 이루어지지 않은 것에 대해 미리 감사할 수 있다는 것은 얼마나 큰 믿음인가. 무엇을 받았기에 감사한 것이 아니라, 받을 것을 약속받았고 그 약속을 믿어 의심치 않기에 지금 감사하고 찬양하는 것이.
시험을 치르고 그 결과를 기다리는 나의 고백은 어떠한가? 결과를

봐서 감사할 것인가, 아니면 무엇에든 감사하며 하나님의 길로 행하기를 결정하는가? 그 대답은 내가 하나님을 신뢰하는 만큼 하나님도 나를 믿고 당신의 일을 드러내는 통로로 사용하기를 기뻐하실 것이라는 확신이다.

하나님이 주신 약속의 위대함과, 기도한 후에도 우리가 여전히 직면하는 변하지 않는 상황 사이에는 늘 긴장이 있다. 믿음에서 가장 힘든 것은 다가올 '은혜의 때'를 기다려야 한다는 것이다. 종종 낙망이 고개를 드는 때가 바로 기다림의 때이다.

우리 앞에 놓인 도전은 하나님을 믿는 것이고, 믿을 때 힘든 부분은 기다림이다. 기다림에서 가장 힘든 부분은 마지막 30분이다. 믿고 기도하면서 시작하지만, 우리는 하나님이 은혜와 능력으로 방문하실 약속된 그 순간까지 기다리면서 견뎌 나가야 한다.

믿음을 갖는 것과 주님을 기다리는 것은 같은 것이다.

믿음은 현실과 약속 사이의 깊은 간격을 메워 주는 유일한 해법이다. 그것은 마치 영화〈인디아나 존스 3〉에서 주인공이 유일한 단서의 내용을 믿고 벼랑으로 한 걸음을 내딛는 순간 발견할 수 있었던 다리와도 같다.

지난 시간들을 돌이켜 본다. 나는 주님을 위해 무엇을 손해 보았을까? 무엇을 받지 못했지? 내 어떤 소중한 것을 가져가셨던 적은 있었던가? 사실 주님으로 인해 손해를 봤다면 기뻐할 일이다. 하지만 내 안에 있는 부끄러운 고백은, 손해 봤다고 생각한 것들은 사실 내가 성실하지 못했고 말씀에 올바로 서 있지 못해 자초한 것들이 더 많았다는 것이다.

주님을 믿음으로 인해 손해 보는 것은 아무것도 없다. 거두어 가셨다고, 허락하지 않으셨다고 고개를 내저었던 나의 소원들에 대해 주님은 당신의 계획하신 상급을 내 기업으로 모두 돌려주셨다. 우리 하나님은 신실하시고 또 신실하신 분이다.

병원에는 어떤 분야의 권위자이신 교수님들이 계시다. 그분들이 권위자인 까닭은 수많은 환자들을 돌보면서 책이나 강의로는 습득할 수 없는 다양한 임상경험과 시행착오를 경험하셨기 때문이다. 대학병원에서 5년에 걸친 인턴과 레지던트를 겪으면서 나는 신앙생활과 병원생활의 중요한 공통점을 깨달았다. 그것은 '아는 것'이 아니라 '경험하는 것'이다.

레지던트 1년 차의 가장 큰 스트레스는 일하는 분과를 바꾸는 날이다. 다양한 환자들의 임상경험도 없는데다 병동 환자들도 미처 파악을 못했는데, 응급실과 중환자실 호출이 내 삐삐를 연이어 울려대는 사면초가의 상황은 정말 피를 말리는듯한 극도의 긴장된 순간이다. 피할 수만 있다면 어디 숨고 싶은 심정이다. 그 긴장과 불안을 덜 수 있는 방법은 오직 하나, 하나님의 약속을 붙잡는 것이다.

내가 경험해 본바, 그 안에 길이 있었고, 평안이 있었고, 돕는 사람들과 예비하신 상황이 있었다. 때로는 큐티 말씀으로, 어느 날은 신앙서적과 찬양의 가사로 찾아오시는 하나님의 음성은 나와 하나님만이 알 수 있었던 사랑의 속삭임이었다.

나는 결코 탁월한 능력을 지닌 전공의가 아니었건만, 그에 걸맞지 않게 받을 수 있었던 칭찬과 격려는 오직 하나님의 말씀이 나를 주장하도록 내어 드렸던 수차례의 경험 덕분이었다.

1차 시험 전날 밤이었다. 마지막으로 외울 거리들을 한 보따리 싸들고 집으로 오기는 했는데 꼭 몸에 맞지 않는 갑옷을 입고 억지로 전쟁터에 나가는 다윗의 꼴이었다. 무거운 갑옷을 벗어 다 내려놓았다. 그리고 다시 한 번 말씀을 집어 들었다.

> 내가 주를 의뢰하고 적군에 달리며 내 하나님을 의지하고 담을 뛰어넘나이다… 여호와 외에 누가 하나님이며 우리 하나님 외에 누가 반석이뇨 (시 18:29, 31)

시험에 대한 압박으로 싸늘해졌던 내면이 꿈틀댔다. 시험 결과를 위한 간구가 아닌 그 이름을 위한 열심이 내 안에서 다시 새롭게 살아났다. 나는 그 자리에 무릎을 꿇었다. 하나님의 은혜 가운데 내 짐을 내려놓을 곳을 찾았다. 그리고 고백을 드렸다.

"주님, 충분합니다. 제게 주신 은혜가 제게 족합니다. 결코 잊지 않겠습니다. 그 사랑을…."

상황은 아직 끝나지 않았다. 오늘 밤에도 봐두어야 할 슬라이드 트레이가 쌓여 있다. 하지만 변하지 않는 것이 있다. 이것은 그저 머릿속으로 하나님을 아는 사람은 이해하지 못할 것이다. 하나님으로 인해 수많은 깨어짐과 질곡을 겪어 볼수록 알 수 있으리라.

내 마음을 정금과 같이

내가 돌보았던 환자의 보호자 중에 금속 공예를 하시는 분이 있었다. 자주 입원을 반복하는 분이었는데 하루는 병동에서 이런저런 이야기를 하던중 욥기 말씀을 나누게 되었다.

"그 말씀 있죠? 왜 '그가 나를 연단하신 후에는 내가 정금같이 나오리라'라는. 제게 그 말씀은 참 다르게 다가와요."

그분의 말에 따르면 금속 공예를 하는 과정에서 주형(mold)에 쇳물을 붓는 단계가 있다고 한다. 이때 불순물이 섞여 들어간다거나 원하는 모양이 나오지 않는다면 어떻게 해야 되겠냐고 내게 물으셨다. 정답은 "다시 녹여서 원하는 작품이 나올 때까지 반복한다."였다.

브라이언 덕슨의 〈나의 마음을 정금과 같이〉라는 찬양이 있다.

나의 마음을 정금과 같이 정결케 하소서
나의 마음을 정금과 같이 하소서

내 영혼에 한 소망 있으니

주님과 같이 거룩하게 하소서

나의 삶을 드리니 거룩하게 하소서

오 주님 나를 받으소서

이 찬양의 원문 후렴 가사에 어떻게 우리가 정결해질 수 있는가에 대한 해답이 있다. 'Refiner's fire', 즉 '정결케 하는 불'이다. 성령의 불길만이 우리의 죄악과 허물을 태워 없애시며 정결하게 소독(autoclave)하실 수 있다. 우리 안에 그 소망이 있다. 하지만 여기에는 큰 걸림돌이 있다. 그 불을 통과하는 과정이 쉽지 않다는 것이다.

그 불은 뜨겁다. 심하게 데일 것만 같다.

거룩하기를 선택한다는 것, 구별되기를 선택한다는 것은 사람들에게 환영받는 길이 아니다. 그 길은 좁은 길이다.

하지만 그 불길을 통과하고 난 후의 모습을 나는 알고 있다. 전과 같지 않은 아름답게 변화된 모습임을 말씀은 약속하고 있다.

한 번으로는 되지 않을지도 모른다. 주님께서 원하시는 순도가 될 때까지 또다시 불로 연단하실 수도 있다. 그러나 나는 주님을 믿는다. 그 불길에 우리를 혼자 밀어 넣지는 않으신다는 것을.

나는 왜 신앙서적을 읽는가

의예과 1학년 때의 일이다. 처음 참가한 CMF 수련회 때 서적전시회라는 것이 있었다. 그때 한 선배가 책에 대한 간략한 소개와 책의 필요성을 이야기했다. 나는 너무 부끄러웠다. 그 많은 책 중에 내가 아는 책이 거의 없었다. 처음에는 선배가 사준 책을 읽기 시작했고, 그다음에는 내가 직접 사서 읽었다. 그리고 지금은 내가 책을 사서 다른 사람들에게 선물한다. 그때의 부끄러웠던 경험이 지금은 얼마나 감사한지 모른다.

기독교는 책의 종교다. 굳이 설명하지 않아도 쉽게 공감하리라 믿는다. 대형서점의 기독교 코너에 처음 가본 사람은 다들 놀란다.

"웬 기독교 책이 이렇게 많담?"

그러나 그런 신앙 서적들이 우리가 읽어야 할 책이라는 생각은 해 보지 않는다. 신앙 서적을 읽어 보라는 권유에 늘 이렇게 변명한다.

"요즘 읽어야 할 책이 너무 많아서…"
"그런 책은 통 취미가 없어서…"
"성경이나 먼저 읽고 나서 읽을게."

우리 그리스도인들이 책 읽기에 너무 게으르다는 생각이 든다.

신앙서적이 주는 유익은 크다. 개인적으로 지하철을 타거나 공부하는 도중 짬짬이 한두 챕터씩 읽어 나간 책에서 새 힘을 얻었던 일이 얼마나 많은지 모른다.

가장 큰 계명이 무엇이냐는 율법학자의 질문에 예수께서는 "네 마음을 다하고 목숨을 다하고 뜻을 다하고 힘을 다하여 주 너의 하나님을 사랑하라"(막 12:30)라고 말씀하셨다. 전인격을 이야기하신 것이다. 이중 하나만 강조하고 나머지는 무시한다면 프란시스 쉐퍼의 말처럼 "괴물 같은 영성"이 되고 만다. 우리가 여기서 주목할 것은 바로 "뜻", 즉 지성이다. 보통 교회에서 이 부분을 간과하는 경향이 있다. 신앙적인 체험으로 지식에 관계없이 내려주시는 하나님의 은혜로 충분하다고 여겼다. 교회 안의 가장 높은 지식집단인 대학부에서도 그러니 다른 곳은 말할 것도 없을 것이다. 부모님들은 네가 신학을 할 것도 아닌데 왜 그런 걸 보냐고 나무라실지도 모른다.

우리가 기독 지성에 무관심한 사이에 악의 세력들이 그 틈을 파고 들어온다. 대학교에 들어오면 많은 청년들이 교회를 떠난다. 신앙에 대해 궁금한 것들은 많은데, 논리적인 대답을 들을 수 없기 때문이다. 사회과학은 그럴듯한 논리를 전개하며 신앙이 약한 사람들을 유혹한다. 하지만 우리는 신앙을 논리적으로 체계화해 본 적이 없기 때문에 사회과학적으로 훈련받은 사람들과의 논쟁에서 번번이 물러설 수밖에 없다. 그리고 결국 기독교란 비지성적인 종교가 아닌가 하는 함정에 빠지게 된다.

물론 신앙을 지성이나 논리로만 이해할 수는 없다. 그러나 그리스도인은 우리 내부에 산재해 있던 신앙의 재료들을 모아 하나의 커다란 구조물로 체계화시킬 필요가 있다. 오랜 교회생활에 젖음으로 인해 오는 반지성주의에서는 벗어나야 한다.

그리스도인들은 우리의 적을 잘 알아야 한다. 그리고 그 잘못된 이론과 생각들을 그리스도께 복종시켜야 한다. 그러려면 우리가 갖고 있는 무기를 알아야 한다. 참된 영성은 영성과 지성, 그리고 사회적 실천이 조화를 이룬 것이다.

기독교인들이 빠지기 쉬운 함정이 있다. "성경만 읽으면 되지!" 하는 것이다. 재미있는 것은 그 말을 하는 사람들은 십중팔구 성경도 많이 읽는 분들이 아니라는 것이다. 왜 기독교인들은 같이 모여 성경공부를 하는 것이 유익할까? 그것은 리더나 다른 사람들이 성경을 이해하고 적용하는 것을 듣고 보는 것이 내 신앙에 도움을 주기 때문이다. 신앙 서적을 읽는 이유가 여기에 있다. 신앙 서적은 바로 탁월한 리더가 자신의 경험과 고민을 당신과 나누고 도우려고 '책'이라는 형태로 당신 곁에 있는 것이다. 단지 펼쳐 읽기만 하면 하늘나라로 가는 훌륭한 안내책자가 되어 줄 것이다.

그러면 어떤 신앙 서적을 읽어야 할까. 우선은 저자와 출판사를 먼저 보는 것이 좋겠다. 누가 그 책을 썼느냐는 것은 굉장히 중요한 문제다. 처음에는 믿을 만한 그리스도인들의 도움을 받을 필요가 있다. 또 좋은 기독교 책을 내는 출판사의 책들도 신뢰할 만하다. 유의할 점은 커다란 주제(하나님 나라, 성령론, 종말론 등)에 대해서는 저자마다 관점과 견해가 큰 폭으로 차이가 있을 수 있으니 무비판적으로 받아들이지는 말아야 한다.

    책을 읽다 보면 자신의 취향에 맞는 저자나 주제를 발견하게 된다. 아마 책을 읽는 데 맛이 들기 시작한다면, 다른 책을 읽을 시간이 없을 정도로 좋은 책들이 산처럼 쌓여 있음을 발견하게 될 것이다. 그러나 너무 한 저자에게만 의지하거나 편독에 빠지지 않도록 조절하는 것도 중요하다. 신앙 서적의 선택의 폭은 넓으며, 우리가 살아가는 삶의 현장을 기독교적 관점으로 바라볼 수 있게 도와줄 것이다.

    당신은 신앙 서적의 맛을 아는 사람인가? 그렇다면 혼자 누리지 말고 다른 사람들에게 읽을 수 있는 기회를 제공해 줄 의무가 있다. 자, 보고만 있지 말자. 신앙 서적을 하나씩 함께 읽어 보면서 저자를 통해 말씀하시는 하나님의 음성을 들어 보자.

현실 세계에서
주님과 동행하려면

두 달 전 어느 날, 나는 서점에 들러서 책을 고르고 있었다. 수많은 신앙 서적들이 내 눈앞에 진열되어 있었지만 내가 찾고 있는 책은 왠지 눈에 띄지 않았다. 나는 짜증이 나서 속으로 이렇게 소리치고 있었다.

'원칙 말고 실제 말이야!'

하나님과의 관계는 나의 어떻게 행함(doing)보다 어떤 존재이냐(being)의 문제임을 잘 알고 있지만, 그날 나의 목마름은 행함의 문제였다.

학생 때에는 하나님이 내 삶의 주인임을 입증해 보일 수 있는 몇 가지 척도가 있었다. 그것은 내 시간을 드리는 것이며, 주님의 일이라 생각되는 것이라면 다른 일들보다 앞에 두는 것이었다. 졸업을 하고 직장생활(내 경우는 병원생활)에서도 역시 '주님은 내 삶의 주인'이라는 대원칙은 변하지 않는다.

세상의 길을 버리고 하나님의 나라를 추구해야 함을 배웠지만, 나의 인턴생활에서 그것을 어떻게 구체화할 것인지에 대한 대답은 성경이나 설교에 딱 부러지게 나와 있지 않다. 나는 개인적으로 한 달에 열 개 정도의 찬양테이프와 7-8권의 신앙 서적을 준비해 놓고 필요하다고 생각되는 환자 또는 병원 사람들에게 나누는 일을 했다. 물론 그 일이 귀한 일임을 알고 있다. 하지만 하나님께서는 내가 단지 그 일만 하면 된다고 말씀하시지는 않을 것이다.

우리 중 많은 사람에게는 예기치 않은 비극이 다가온다. 달라진 상황 때문에 그동안 하나님을 중심으로 했던 삶의 원칙과 방식을 슬그머니 바꾸어 버리는 것이다. 주일 성수를 못해도 그다지 죄스럽지 않고, 큐티는 자기 편한 시간에 하면 되는 것이고, 술·담배 절제는 꽉 막힌 기독교인이나 하는 것이고, 게다가 세상적으로 성공하는 것이 복음을 전하는 데 도움이 될 거라는 자기 합리화까지 하게 된다.

졸업을 앞둔, 또는 졸업을 하고 사회생활을 하고 있을 많은 크리스천 청년들이라면, 더욱이 그가 헌신된 크리스천이라면(혹은 이었다면) 자신의 현재 모습에 대한 이런 고민들이 존재하고 있을 것이다. 이런 고민이 없는 사람은 고민이 없는 것이 아니라 직면하지 않으려 할 뿐이다. 이런 크리스천들을 위한 좋은 책이 있다.

리처드 램의 『졸업 그 이후: 현실 세계에서 하나님과 동행하려면』은 특히 대학 시절에 하나님을 만났고 성장을 경험했던 사람들을 대상으로 이야기한다. 저자가 독자에게 말하고 싶은 가장 중요한 것은 제목 그대로 현실 세계에서도 주님을 따르는 삶은 가능하며, 대학 시절의 제자도가 졸업 이후에도 이어질 수 있다는 것이다. 상황은 매우 달라지지만 원리는 동일하다는 것이다. 이것을 모르는 사람은 없겠지만 이 당연한 사실을 확인받는 것은 실제 이 일을 겪고 있는 사람에게 큰 힘이 된다.

예전에 나는 의대생에게 위기의 순간은 본과 1학년 시작할 때와 3학년 2학기 임상실습 시작할 때라는 것을 느꼈다. 졸업은 이보다 더 큰 위기일 수 있다. 이 책의 한 대목이다.

> 사단은 자신의 목표가 되는 대상이 인생의 분기점에 있을 때 가장 유혹에 약하다는 것을 잘 알고 있다.

작가는 주님께 드리는 훈련을 많이 한 사람일수록 이제 세상에서 더 잘되고 자신의 몫을 잘 챙겨야 한다는 유혹의 강도도 더 강해진다고 썼다. 그는 이런 유혹의 순간에 주님께서 이렇게 말씀하신다고 결론을 내린다.

> "네가 배운 바를 행하라. 원리는 변하지 않았다."

졸업을 하고 병원생활을 하면서 가장 뚜렷하게 머리에 새겨지는 단어가 있다. 그것은 '영적 자생력'이다. 대학 시절은 자생력을 기르는 시기였다. 교회와 CMF 생활을 통해 얻어진 자생력은 결코 적지 않았다. 힘든 직장생활이 소홀한 신앙생활에 대한 참작은 될지라도 결코 변명이 될 수는 없다. 우리는 그저 일하지 않는 주말만 기다리며 눈에 보이는 부분만 잘 보이려고 일하는 사람들과 같을 수 없다.

이 책은 졸업 후 일시적인 영적 침체에 빠져 있을 지체들에게 많은 도움이 될 것이다. 그동안 걸어왔던 하나님을 향한 자신의 방향이 옳았음을 확인시키고 믿음의 발걸음을 떼도록 격려해 줄 것이다. 구체적 삶의 예를 통해 도전하게 할 것이다. 책을 읽는 여러분에게 귀한 회복의 시간이 있기를 바라며.

우는 자와 함께 서있던 사람

지명희

"오빠, 제발 밤 한 시, 두 시에 전화하지 마세요."
"어쩌지? 난 그때밖에 시간이 없는데…."
"그리고 자매들에게 너무 친절하게 대하지 마세요. 오해하잖아요."
"형제들한테도 난 똑같이 대하는데…."
"오빠는 너무 오지랖이 넓어. 어떻게 사람들을 다 챙겨요? 그러니까 바쁘지."

내가 타박을 하면 수현 오빠는 멋쩍게 씩 웃기만 했다. 내게 오빠는 훌륭하기보다는 편한 사람이었다. 내 잔소리에도 불구하고 오빠는 여전히 이 사람 저 사람에게 잘해 줬다. 오빠의 고민은 '어떻게 하면 사람들을 잘 섬길 수 있을까'였다.

수현 오빠를 처음 만난 것은 지인의 결혼식장에서였다. 나는 그때 CCM에 관심이 있어 하이텔의 'CCM G'라는 동아리에서 활동하고 있었다. 오빠는 해외의 유명한 CCM 가수들의 비디오를 영상으로 보면서 함께 찬양하고 예배드리는 모임이 있다며 '예혼'(예배자를 돕는, 영락교회 헬퍼십 공동체)을 소개해 주었다.

처음 예혼 모임에 참석한 날, 〈He Chose the Nails〉로 예배를 드렸다. 맥스 루케이도 목사가 쓴 『예수가 선택한 십자가』란 책에서 영감을 얻어 유명한 CCM 가수들이 만든 찬양들이었다. 강렬한 느낌에 끌려 모임을 끝내자마자 서점에 들러 책을 샀다. 집으로 돌아오는 지하철 안에서 나는 그 책을 끝까지 다 읽었다. 막연하게 알고 있던 십자가의 사랑이 무엇인지 확실히 이해되던 순간이었다. 일 년 뒤, 나는 예혼의 스태프가 되었다. 오빠는 내게 웹마스터 일을 맡겨 주었다.

돌이켜 보니 그때 나는 참 많은 일들을 치러 냈었다. 몸이 아파서 입원도 했고, 가정적으로도 힘든 일이 있었고, 직장도 옮겨야 했다. 한 가지 어려움을 넘기면 또 다른 시련이 닥쳐왔다. 2002년 여름에는 필리핀으로 단기 선교를 나갔던 후배가 민도로 섬 근해에서 배가 뒤집혀 사망한 아픔도 있었다. 선교팀을 인솔하신 오윤택 선교사님은 물에 빠진 학생들을 구하느라 정작 사모님과 여섯 살 난 딸을 하늘나라로 보내야 했다. 그날 수현 오빠는 아무것도 묻지 않고 부암동 CCC 본부에 차려진 빈소에 나를 태워다 주었다. 말할 수 없는 슬픔에 빠진 나와 조용히 동행해 주는 것으로 나를 위로해 주었다.

또 내가 병원에 입원했을 때, 이상하게 문병객들이 많이 찾아왔는데 나중에 알고 보니 나와 조금이라도 관련된 사람들이면 오빠가 문병을 가라고 압력을 넣었다고 한다. 우는 자와 함께하는 자리, 그곳에는 늘 오빠가 있었다.

　인생에는 그런 때가 있다. 지금 생각해도 후폭풍이 밀려오는 것 같은 고통의 시절을 잘 넘길 수 있었던 것은 오빠와 예혼 멤버들이 있었기 때문이다. 우리는 함께 기도하고, 위로하고, 찬양하는 제자공동체 같았다. 캄캄한 밤, 큰 바람과 파도를 헤치며 가버나움으로 가던 제자들이 예수님을 배로 모시자 어느새 그들이 가려던 땅에 이르렀던 것처럼 나도 하나님의 인도하심으로 병도 이기고 직장도 옮길 수 있었다.

　폴 발로쉬의 "내 맘의 눈을 여소서"라는 찬양이 있다.

　　내 맘의 눈을 여소서
　　내 맘의 눈을 열어
　　주 보게 하소서
　　주 보게 하소서

　내가 특별히 좋아하는 찬양이다. 힘들 때 힘든 것만 보면 더 힘들다. 눈을 들어 시선을 하나님께 두어야 한다는 것을 고통의 바다를 건너며 나는 깨달았다.

　예혼 예배 사역은 쉽지 않았다. 매달 한 번씩 있는 예배를 드리기 위해 팀원들은 밤을 새워 준비를 했다. 다들 직업이 있는 사람들이라 시간을 쪼개 써야 했다. 매달 예배를 드리는 것이 기적일 정도였다.

리더인 오빠의 헌신은 말할 것도 없었다. 그러나 그 정성에 비해 사람들이 많이 모이지는 않았다.

"이 좋은 예배에 왜 사람들이 오지 않을까?"

가끔은 오빠도 속상했는지 "단 한 분의 청중"이라는 글을 쓰기도 했다. 텅 빈 관객석을 바라보면 힘이 빠지지만, 그 자리에 계신 최고의 청중이며 단 한 분의 청중이신 예수님만 바라보겠다고 했다.

오빠가 다니던 교회 앞에는 횡단보도가 하나 있다. 교회 정문하고는 좀 떨어진 곳에 애매하게 있어서 성도들은 보통 편한 데서 아무렇게나 건너곤 했다. 오빠는 꼭 횡단보도로만 건넜다. 이럴 때 나는 딴지를 건다.

"오빠 그냥 건너지. 사람이 그럴 수 있는 거 아니에요?"

"글쎄 난 한 번도 그런 적이 없어서."

지나치게 고지식한 것 같아 나는 짜증을 냈지만 오빠는 여전했다.

오빠의 싸이월드 미니룸에는 백범 김구 선생이 좋아했다는 시가 적혀 있다.

> 눈길을 걸을 때
> 흐트러지게 걷지 마라
> 내가 걷는 발자국이
> 뒤에 오는 이의 길잡이가 될 것이니

나도 성실하게 믿음생활을 했지만, 수현 오빠의 신앙은 그런 성실함을 뛰어넘었다. 하나님만 바라봤기 때문이다.

    2005년 12월, 예혼 스태프들의 송년 모임은 화기애애했다. 오빠가 의사라는 본업에 충실하기 위해 예혼의 리더 자리를 내놓았다. 그동안 힘들었지만, 새해에는 더 잘해 보자고 파이팅을 했다. 맛있는 샤브샤브를 먹으면서 오빠는 새로 산 카메라로 우리를 찍어 주었다. 그리고 누군가가 오빠를 찍었다. 그 사진은 오빠의 마지막 사진이 되었다. 지금도 오빠의 홈피에서 "안녕"이라고 말하듯 손을 흔들고 있다.
    오빠의 죽음은 충격이었다. 한참을 멍하게 보내야 했다. 내가 할 수 있는 일은 오빠의 죽음으로 연재가 중단된 유진 피터슨의 『아침마다 새로우니』를 오빠를 대신해서 미니홈피에 계속 올리는 것이었다. 오빠의 부재를 슬퍼하는 것보다 주님의 사역을 계속하는 것이 수현 오빠가 바라는 일일 거라고 생각했다.
    오랜 시간이 흘러 버린 지금도 오빠가 남긴 미니홈피의 삭제되지 않은 아이디를 볼 때마다, 누군가 오빠의 글을 엮은 『그 청년 바보의사』를 읽는 모습을 볼 때마다 마음이 아파 온다. 힘이 들면 육체의 가장 약한 곳이 아프듯이 어려운 일이 닥치면 오빠의 흔적이 더욱 그립다. 이제 슬픈 마음은 잠잠해졌다. 우린 그저 잠깐 보지 못하는 것뿐이니까.
    선교사가 되고 싶어 간호학을 공부했지만, 나는 지금 손해사정업무를 하고 있다. 돈 때문에 별별 일을 다 벌이는 사람들을 보면서 자기의 시간과, 돈과, 관심과, 사랑을 아낌없이 베풀어 주던 오빠를 생각한다. 내가 꿈꾸던 선교사는 아니지만, 이 직업을 얻게 하신 데에는 하나님의 뜻이 있으실 것을 나는 믿는다. 어떤 환경에서도 주님을 신뢰하라던 오빠의 말을 기억하면서.

처음 믿는 사람에게
선물하는 책

우리 주위에는 전도하고 싶은 사람들이 있게 마련이다. 그중 한 방법으로 책을 선물하고자 하는 경우, 교회에 다닌 적이 있는 사람에게는 책을 골라 주기가 수월하지만 교회와는 전혀 관련이 없던 사람의 경우에는 쉽지 않은 일이다. 많은 신앙 서적들이 불신자들의 언어보다는 기독교계의 언어를 사용한다. 그 결과 불신자들이 여태까지 읽어 오던 책들과는 아주 다른 용어를 쓰는 다른 세계의 책이어서 그 높은 문턱을 넘기가 쉽지 않다. 특히 나이가 든 분일수록 그렇다.

초신자들을 위한 책들 가운데 '그들의 언어'에서 멀지 않은 책 한 권을 소개하고자 한다. 미우라 아야코의 『빛 속에서』이다. 미우라 아야코는 『빙점』이란 소설로 우리에게 친숙하다. 요새 우리에게 무라카미 하루키 등 일본 작가의 책들이 많이 소개되고 있는데, 아야코는 이보다 한 세대 전 우리나라에서 널리 알려진 작가다. 그는 『빙점』에서 인간의 원죄와 원수를 사랑하라는 기독교적 주제를 소설에 투영시켰다.

『빛 속에서』는 그녀가 잡지에 연재한 글을 모은 기독교 신앙 입문

서이다. 미우라 아야코는, 젊은 시절 몸을 가누지 못할 정도의 중병에 걸렸던 가운데 예수님을 영접한 늦깎이 크리스천이다. 그래서인지 이 책에서는 기독교적인 단어들을 절제하면서도 사람들에게 복음의 핵심을 이해시키는 데 초점을 맞추고 있다. 논리적이기보다는 일상생활의 체험을 바탕으로 한 이야기에 성경의 내용을 알기 쉽게 덧붙임으로써 사람들을 설득한다.

작은 책이어서 자세한 복음의 내용을 알리기에는 부족하지만, 청년기를 넘어선 30대 이후의 초신자나 불신자들을 대상으로 한 신앙 입문서로는 손색이 없다. 실제 천주교에서는 가톨릭 신앙 입문서 중 필독서의 하나로 이 책을 선정하고 있다. 천주교 계열의 출판사에서 나왔지만 책의 내용은 기독교를 소개하고 있다.

> 신앙이 두터운 성녀 테레사라도 슈바이처라도 날 때부터 그리스도가 좋았다고는 말할 수 없다. 아니, 인간은 누구나 하나님을 믿고 싶지 않게 되어 있다. 그중에서도 조지 뮐러 같은 사람은 믿기 전에는 깡패 같은 사람이었다. 그러나 그런 사람의 인생이 변한 것도 결국은 누군가에 의해서는 권유를 받았기 때문이었다.
>
> 나는 믿기 전에 "성서를 읽어 보지 않으렵니까?" 하고 성서 한 권을 준 나의 소꿉동무의 음성을 지금도 기억한다. 그때 나는 술도 마시고 담배도 피웠다. 남자 친구도 많고 요부라고 불린 인간이었다.
>
> 나는 그것을 생각하면 이후로도 "지금 같은 생활을 바꿔 보고 싶다고 생각하지 않으십니까?" 하고 기도하는 마음으로 권유해야겠다고 생각한다.

권유받은 사람이 모두 그리스도를 받아들이리라고는 생각하지 않는다. 거절당하고 혹은 멸시받고 싫어할는지도 모른다. 그러나 나는 감히 독자 여러분을 향하여 외치고 싶다.

"무엇하고도 바꿀 수 없는, 그리고 두 번 다시 돌아오지 않는 일생을 그리스도를 믿으면서 나아가지 않으시겠습니까?"

빛이 있는 동안에, 빛 속에서.

한 번에 한 사람씩

진심으로 누군가를 위한다는 것은 설교로 하는 것이 아니다. 단발성 이벤트에 사람들은 잠시 감동할지 몰라도 변하지는 않는다. 참고 기다려 줘야 한다. 그 힘은 하나님으로부터 오는 것이며, 자신이 값없이 사랑받은 자임을 깨달은 사람만이 열매가 맺힐 때까지 눈물과 땀을 흘리며 기다릴 수 있다. 사랑은 그렇게 전해지는 것이다.

> 유월절 전에 예수께서 자기가 세상을 떠나 아버지께로 돌아가실 때가 이른 줄 아시고 세상에 있는 자기 사람들을 사랑하시되 끝까지 사랑하시니라(요 13:1)

끝까지 사랑하시는 예수님의 사랑이 이 추하고 더러운 자에게 비추어졌음을 깨달은 순간, 나는 얼마나 한참 동안을 꿇어 엎드렸는지 모른다. 나는 지금도 "끝까지"라는 단어 앞에서 벅찬 감동을 주체하지 못해 눈물을 흘린다. 이 사랑은 혼자 품고 있을 것이 아니라 전해져야 한다. 그 시작은 한 사람부터이다. 테레사 수녀는 이렇게 이야기한다.

난 결코 대중을 구원하려고 하지 않는다.

난 다만 한 개인을 바라볼 뿐이다.

난 한 번에 단지 한 사람만을 사랑할 수 있다.

한 번에 단지 한 사람만을 껴안을 수 있다.

단지 한 사람, 한 사람, 한 사람씩만…

따라서 당신도 시작하고 나도 시작하는 것이다.

난 한 사람을 붙잡는다.

만일 내가 그 사람을 붙잡지 않았다면

난 4만 2천 명을 붙잡지 못했을 것이다.

모든 노력은 단지 바다에 붓는 한 방울 물과 같다.

하지만 만일 내가 그 한 방울의 물을 붓지 않았다면

바다는 그 한 방울만큼 줄어들 것이다.

당신에게도 마찬가지다.

당신의 가족에게도

당신이 다니는 교회에서도 마찬가지다.

단지 시작하는 것이다.

한 번에 한 사람씩.

복음서의 저자 중 한 명인 마가는 예수님을 버리고 도망치기도 했고(막 14:51-52), 바울과 바나바를 다투게 한 문제의 원인이 되기도 했다(행 15:36-41). 하지만 이후의 서신서에서 바울은 "마가를 데리고 오라 저가 나의 일에 유익하니라"(딤후 4:11)라고 말한다. 베드로는 마가를 "내 아들"(벧전 5:13)이라 부르고 있다. 마가의 뼈아픈 과거는 결코 무능력한 현재로 이어지지 않았다.

한 사람의 힘이 어떤 영향을 미칠 수 있는지에 대해 우리는 깜짝 놀랄 때가 많다. 주위의 모든 사람을 바꾸어 놓겠다고 부담을 잔뜩 질 필요가 없다. 단지 가능성을 열어 놓는 것이다. 늘 만나는 사람이든, 한순간의 만남으로 끝날 사람이든, 작은 한 사람을 귀히 여기는 마음을 잃지 않을 때 우리는 진정한 이웃이 될 수 있다.

차 안에서의 작은 부흥회

어젯밤, 폐암 말기로 투병하는 어머니를 간병하면서 몸과 마음이 소진되어 보이는 한 후배에게서 쪽지를 받았다. 답글을 쓰면서 별 도움을 줄 수 없는 나 자신의 무력함, 인정하고 싶지 않은 현대의학의 한계, 이런 절망스런 상태의 환자들이 처한 의료 사각지대에 대한 안타까움으로 생각이 이어져 갔다.

그뿐만 아니다. 새로운 환경, 새로운 직장을 잡을 때 느끼는 가벼운 두려움, 인도하심을 따라갔다고 생각한 길의 끝에서 예상치 못한 처절한 좌절의 순간에 맞닥뜨릴 때 우리는 과연 무엇을 의지해야 하는 것일까.

그 모든 것을 압도할 수 있는 한 가지 의지할 것은 오직 하나님의 신실하심이다.

차 안에서 부흥회를 하는 경우가 자주 있다. 찬양 CD를 크게 틀어놓고 찬양 가사에 내 마음을 실어서 하나님께 올려 드리는 시간이다. 아파트에서처럼 옆집에 방해될까 봐 걱정할 필요도 없으니 그만이다. 브라이언 덕슨의 곡들 가운데는 워낙 개인적으로 아끼는 곡들이 여럿 있는데 그중에서 하나님의 신실하심을 고백하는 이의 절절한 감정이 배어나는 노래 "신실한 나의 하나님"(Faithful One)을 소개한다.

> 신실한 나의 하나님
> 영원한 평강의 반석
> 만유의 주 의지하며
> 주를 부르네 영원 영원히
> 주를 부르네 영원 영원히
>
> (후렴)
> 환난 날에 내 반석되시며
> 넘어질 때 도우시네
> 시험 속에
> 주 사랑 날 붙드네
> 주만이 나의 참소망
>
> 나의 반석 나의 소망
> 하나님
> 나의 반석 나의 소망
> 하나님

브라이언 덕슨이 쓴 이 곡에 대한 스토리가 있다.

수년 전 나는 난파된 배에서 살아 돌아온 어떤 이들의 이야기를 들었다. 조난당한 몇 시간 동안 "신실한 나의 하나님"을 계속 노래하는 가운데 소망을 가질 수 있게 되었고 마침내 구조받았다는 것이다.

나는 아직 바다에서 조난을 당한 적은 없다. 하지만 내 삶의 수많은 곳과 내 주변 사람들에게 휘몰아치는 거센 비바람은 겪었다. 그리고 천지를 지으신 그분, 오직 신실하신 그분을 간절히 찾고 또 찾는 나 자신을 발견한다.

나를 여기까지 인도하시고 지키신 하나님을 기억해 본다. 이 세상의 모든 것은 가변적이고 상대적이지만, 나를 향하신 하나님의 신실하신 사랑은 불변하는 절대적 진리다.

어떤 거센 풍랑 중에서도 내가 알 수 없는 평안 속에 잠길 수 있다면, 그것은 나의 놀라운 균형감각 때문이 아니다. 나를 굳게 붙들어 매고 있는 주의 사랑이 있기 때문이다.

내가 원하는 대로가 아닌 그분 뜻대로,
내가 예상하는 시간이 아닌 그분의 시간에,
나에게 향하신 놀라운 계획을 남김없이 성취하실 것이다.
내가 그분 뜻 안에 있기만 한다면.

내가 누리는 자유

사람들과 최근 대화를 나누는 가운데 "신앙생활이 주는 유익이 무엇인가?"라는 질문을 받았다. 물론 그것은 영원한 삶이다. 이 땅에서의 축복과 형통함, 그것도 맞다. 하나님이 당신의 자녀를 아무렇게나 내버려 두지 않으실 것을 나는 믿는다.

하지만 이것만으로는 하나님을 믿는 유익을 설명하기엔 뭔가 아쉬움이 남는다. 자칫 우리의 모습이 현세의 복을 구하는 저급한 종교와 같은 취급을 받을 수 있기 때문이다. 하지만 우리 마음 가운데는 그런 욕망이 언제라도 불끈 솟구칠 수 있다. 사람들이 우러러보는 고지(高地)가 어딘지 알면서도, 일부러 낮은 곳(低地)을 선택하는 것은 생각만큼 쉽지 않다.

그 질문에 대해 요즘 내 안에서 묵상하게 되는 한 단어가 있다. 바로 자유다. 이 시대는 자유를 갈구하고, 이를 위해 많은 대가를 치렀지만 여전히 온전한 자유를 누리지 못하고 있다. 신임검사는 법복을 벗고 변호사로 등장한 선배들에 대한 전관예우로 자유롭지 않고, 정치인들은 지지도와 소속 당의 이해관계에 얽매여 스스로의 자유로운 결정이 불가능하다시피 하다. 어쩌면 우리도 스스로 "진급하고 안정

된 자리에 오르는 것이 보기에도 좋고 하나님께도 영광이 되지 않겠느냐?"고 타이르며 치열한 경쟁의 자리에 나가고 있는지도 모른다.

이 시대는 자유를 누리기 위해서 우리에게 높은 곳에 오르라고 말한다.

"더 높은 곳에 오르면 더 많은 자유가 있다. 너 하고 싶은 일도 하고, 가고 싶은 곳도 갈 수 있다. 그러니 힘들어도 참고 싫은 일도 해야 한다."

하지만 주님은 이렇게 말씀하신다. 요한에게 남기신 이 한마디에 해답이 있다.

> 내가 진정으로 네게 말한다. 네가 젊어서는 스스로 띠를 띠고 네가 가고 싶은 곳을 다녔으나, 네가 늙어서는 남들이 네 팔을 벌릴 것이고, 너를 묶어서 네가 바라지 않는 곳으로 너를 끌고 갈 것이다. (요 21:18, 표준새번역)

예수님이 말씀하신 자유가 세상이 말하는 그것과 다를 수 있는 것은 자기를 비움에서 출발하기 때문이다. 그리스도인에게 자유하다는 것은 우선 그를 옭아매고 있던 죄로부터 놓임과, 더 나아가 단 한 분의 청중이신 하나님의 시선만을 의식함으로 다른 모든 시선으로부터 자유함을 얻게 됨을 뜻한다. 내 목표를 성취하기 위해 모든 계산과 방법을 동원해 사람들의 인정을 받는 것보다 단 한 분의 마음을 시원케 해드리는 것이 참된 형통함의 첩경임을 기억하는 자들은 주님의 기쁨이 될 것이다.

그분의 시선만을 의식하는 삶은 배타적이지도 않고, 이기적이지도 않다. 그 삶은 인격적이고 균형 잡힌 삶이다. 자기가 가진 조그마한 것조차 놓치지 않기 위해 잔뜩 움켜쥐고 웅크린 사람들에게 두 팔을 벌릴 수 있는 자유가 어떻게 가능한지 알게 할 수 있다면, 주님이 유일한 세상의 소망이심을 그처럼 뚜렷이 전할 수 있는 방법이 또 있을까?

주님은 내게 물으신다.

"네가 진정한 자유를 아느냐? 자기를 비움으로써만이 모든 묶임에서 자유할 수 있다는 진리를 아느냐?"

사순절에 읽는 책

대학 시절, 로마서를 제대로 훑어볼 수 있는 책을 찾으러 다리품을 팔았던 경험이 있다. 로마서 강해 수련회에 다녀온 다음이었다. 그때 내 기준 가운데 하나는 '200페이지 이하 책은 제외'였다. 복음의 핵심이 망라된 심오한 본문을 제대로 다루려면 얇은 책으로는 어림없겠다는 나름대로의 계산이 있었기 때문이다.

가끔 큰맘 먹고 집어든 신앙 서적이 고루한 어휘들과 구태의연한 시각의 책이라 숨이 막혀 방구석에 처박아 놓은 경험은 없는지? 피상적인 깊이와 뻔한 적용 때문에 실망한 적은? 십자가에 대한 명저들이 이미 서가를 빽빽하게 채우고 있지만, 적절한 분량과 문화적인 적실성, 만족할 만한 묵상의 깊이를 동시에 만족시킬 만한 책들을 찾기란 생각보다 쉽지 않다. 은혜를 전하는 언어의 장인 맥스 루케이도 목사의 책 『예수가 선택한 십자가』는 그런 면에서 꼭 추천할 만한―특히 젊은 세대들에게 쉽게 다가갈 수 있는― 책 중 하나다.

이 책에서 루케이도가 이야기를 풀어 가는 방법은 십자가 자체에서 눈을 돌려 저만치 밀려나 있는 사건들과 사물들을 통해 십자가를 바라보는 것이다. 군병들이 뱉은 침, 가시면류관, 세 개의 큰 못, 죄목을 적은 패, 갈보리 길, 입으셨던 홍포, 쏟으신 물과 피, 그리고 수의와 빈 무덤들은 그저 소품(小品)들이 아니라 주님 달리신 십자가의 지면 아래에 숨겨져 있는 깊고 풍성한 은혜의 선물임을 증언한다.

루케이도 목사는 열린 질문을 통해 우리의 상상력을 자극하면서도 과도하게 부풀리거나 주관적인 주장으로 흐르지 않는다. 간간히 언급하는 자신의 에피소드는 책을 읽는 독자와 자신이 결국 똑같이 연약한 인간임을 환기시켜 준다. 그의 겸손함이다.

십자가의 은혜를 표현한 여러 대목들은 책을 읽은 지 2년이 지난 지금도 내 머릿속에 각인되어 있다. 예수님이 그의 손을 찢고 지나갈 대못을 보시면서도 그 능력의 손을 움켜쥐지 않으신 이유를 귀띔해 준 고마움을 지금도 잊을 수 없다. 훌륭한 번역(윤종석)도 책의 맛을 살리는 데 큰 역할을 하고 있다.

맥스 루케이도는 텍사스 주의 오크힐스 그리스도 교회를 섬기고 있으며 탁월한 저술활동과 강연으로 널리 알려진 목회자다. 언론들은 노먼 빈센트 필이나 빌리 그레이엄의 대를 이을 미국을 대표할 목회자로 그를 지목하기를 주저하지 않는다.

그는 설교집 이외에 동화도 집필했다. 나무인형 웸믹들의 이야기인 『너는 특별하단다』, 배추벌레 허미의 이야기인 『너는 최고의 작품이란다』를 비롯해 다수의 작품들이 비디오와 DVD로 출시되어 대중과 어린이들에게 사랑을 받고 있다.

다양한 장르를 아우르는 루케이도의 책들은 그가 베스트셀러 작가가 된 것이 단순히 상업적인 마케팅의 결과가 아니라는 것을 알게 해준다. 그의 언어는 무례하지 않다. 자신의 주장을 받아들이라고 강요하지 않는다. 그는 세련된 언어와 적절한 위트로 읽는 이의 닫힌 마음을 여는 힘을 가졌다. 주님의 십자가와 은혜에 항상 바탕을 두며 다양하면서도 간결한 언어로 독자들의 감성과 지성에 호소한다.

〈크리스채너티투데이〉가 뽑은 이 시대 가장 영향력 있는 기독교 저술가인 루케이도 목사에게 독특한 점이 있다면, 이전부터 책과 음악을 비롯한 다양한 미디어와의 연결고리에 많은 관심을 가지고 있었다는 사실이다.

베스트셀러가 된 그의 책들은 음반으로도 발매가 되었다. 특별히 『예수가 선택한 십자가』는 루케이도 목사가 자신의 원고를 미리 CCM 가수들에게 전달했고, 가수들은 글을 묵상하면서 받은 영감을 바탕으로 곡을 썼다.

악보로도 나온 이 음반은 인테그리티 뮤직의 〈God with Us〉처럼 교회에서 부활절 절기 음악으로 사용하기에 매우 좋다.

예수님의 고난을 사실적으로 그려낸 멜 깁슨의 영화 〈패션 오브 크라이스트〉가 국내에 상륙하면서 주님의 십자가는 우리에게 더 큰 의미로 다가오고 있다. 사순절에 나는 텍스트와 음반이 훌륭한 조화를 이루는 『예수가 선택한 십자가』를 추천한다.

BBC 방송과 인터뷰를 하던 중 기자가 융에게 신을 믿느냐고 물었다.

융은 천천히 대답했다.

"나는 신을 압니다."

-칼 구스타프 융, 『기억 꿈 사상』 서문 중에서

3장

이 순간 당신을 예배하기로 결정합니다

그 청년은 예배를 사랑했습니다. 아무리 바빠도 주일 예배를 거르는
일이 없었습니다. 재수생 시절에도, 죽을 시간도 없다는 인턴
시절에도 그는 주일이면 틀림없이 그가 사랑하는 교회에 있었습니다.
그는 어떤 불이익이 있어도 주일을 온전히 주님을 위해 드리고
싶어 신앙의 모험을 했습니다. 매주 시험을 봐야하는 의대시절에도
주일이면 교회 청년들의 성경공부반 선생을 했습니다. 찬양대도
섰습니다. 예수님을 모르는 사람들이 편안하게 교회 안으로 들어올
수 있도록 찬양으로 예배하는 "예흔"이라는 문화사역팀을 만들고
리더가 되었습니다.
그런 그에게 형통한 일만 있었던 것은 아닙니다. 대학입시에
실패했고, 졸업시험에 떨어지기도 했으며, 사랑하는 사람과
헤어지기도 했습니다. 그러나 그는 그 순간에도 하나님을 예배하는
자리에 나아갔습니다.
그의 곁에서 함께 예배를 드리던 사람들은 온몸으로 기도하며,
온몸으로 찬양하던 그의 열정에 함께 물들어갔습니다.
그는 진실로 그리스도를 아는 청년이었습니다.

내 생애 첫 번째 설교

송광수

배낭여행을 떠나기로 했다. 대학 졸업식 다음 날로 출발 날짜를 잡았다. 내가 가지고 있던 돈을 모두 털었다. 통장의 잔고를 제로로 만들어 놓고 싶었다. 그런 다음 아무것도 가진 것이 없는 상태에서 하나님께 헌신하는 교역자의 길을 가고 싶었다. 2005년 12월이었다.

여행을 떠나기 하루 전날, 수현 형과 만나기로 약속이 잡혀 있었다. 예흔의 새로운 팀장이 된 나를 수현 형이 영락교회 문화선교부 사람들에게 소개해 주는 날이었다. 크리스마스를 앞두고 행사를 논의하는 중요한 자리였다. 형에게서 문자가 왔다.

"오늘은 아파서 내가 함께하지 못할 것 같아."

의아했다. 형은 건강했다. 밤새워 일을 하고도 까딱없이 새벽예배를 드릴 정도였다. 몸이 아파 약속을 못 지킨다는 말을 들은 것이 처음이었다. 영주 누나와 교회 돌계단을 내려오면서 말했다.

"형이 아파서 예흔 모임에 못 오는 건 처음 같네."

우리는 가볍게 생각했다. 다음 날, 나는 영국으로 홀로 배낭여행을 떠났다.

지금은 역사 속으로 사라진 인터넷 커뮤니티 사이트 프리챌에 호산나 인테그리티 카페가 있었다. 해외의 경배와 찬양 예배음악이 우리나라 젊은 크리스천들에게 큰 인기를 끌던 시기였다. 2000년 전후, 돈 모엔이나 론 케놀리 등 찬양 사역자들이 우리나라에서 대형집회를 가졌고, 청년들이 수만 명씩 모여 함께 찬양하고 예배를 드렸다.

이 카페에서 찬양앨범에 대한 새로운 정보를 주고받으면서 좋은 앨범은 공동구매를 했었다. 그 시절에는 해외의 음반을 구하기가 어려웠다. 이 카페에서 새롭게 출시되는 앨범을 소개하고 정보를 전해 주던 대표적인 사람이 수현 형이었다. 형은 PC통신 나우누리에서도 CCM 마니아로 명망이 있었다.

지금은 그런 일이 많이 사라졌지만, 예전에는 해외 찬양음반이 국내에 발매될 때 CD 안에 음반평을 별지로 넣어 주었다. 수현 형 역시 다수의 음반평을 의뢰받았다. 깊이 있고 친절한 해설을 곁들인 형의 평은 사람들에게 많은 사랑을 받았다.

나는 분당에 있는 청소년사역팀 B-teens의 협동간사로 있으면서 외국 찬양곡들을 번역하고 앨범을 만들었다. 청소년들을 예수님께 인도하는 사역자가 되는 것이 내 꿈이었다. 그 시절은 하나님을 영접하고 회심하기에 더없이 좋은 시기이다. 나 역시 그랬다.

중학교 2학년 때, 세례문답을 받다가 나는 예수님을 믿게 되었다. 맹랑한 질문만 쏟아 놓는 사춘기 까까머리에게 성실한 답변을 해주신 목사님들 덕분이었다. 고등학교 때는 영어선생님이면서 신앙지도를 해주셨던 송준인 목사님의 영향을 많이 받았다. 나도 그분들처럼 교사이자 목사가 되고 싶었다.

말로만 듣던 수현 형을 만난 것은 2002년 여름이었다. 여러 사정으로 B-teens 사역을 접고 예흔 예배에 참석했었다. 형의 인상은 첫날 만났을 때와 마지막 모습이 한결같다. 성실하고, 조용하고, 사려 깊고, 따뜻하고, 주위 사람들을 잘 격려해 주었다.

"광수가 번역을 잘해. 직역이 아니라 노래를 부를 수 있게 하네."

형의 칭찬에 나는 예흔에서 번역 일을 맡았다.

저작권 업무를 하던 '카피케어코리아' 주관으로 온누리교회에서 외국 찬양곡을 번역하는 사람들이 모인 적이 있다. 예흔에서는 수현 형과 내가 참석했다. 나는 이날을 한국 CCM의 역사적인 날로 꼽고 싶다. 그때만 해도 외국 찬양곡의 번역은 단체별로 달라서 중구난방이었다. 적어도 그날 모임 이후에는 가사 번역에 있어 더 이상 나뉘지 않았다. 마치 교단별로 달랐던 찬송가 가사가 1983년 통일찬송가로 단일화된 것과 같은 일이었다.

그날 회의 때 형은 말없이 듣기만 했다. 모든 일이 순리대로 흐를 때는 굳이 말 보탤 일이 없다면서. 대신 그날 회의가 다 끝난 후 형과 나는 짐을 나르며 모임의 뒷정리를 했다. 그것이 형의 스타일이었다.

수현 형은 독보적인 존재였다. 누가 뭐래도 가장 빠르게 외국 앨범을 구했다. 거의 출시하는 날이 배송일이었다. 형의 손에 들어온 비디오테이프는 기술팀에게 넘겨져 영어로 되어 있는 부분의 스크립트를 땄다. 그다음은 번역팀으로 넘어가 번역을 해서 자막을 만들었다. 처음에는 영상기술이 없어서 한쪽에서는 영상을 틀고, 다른 쪽에서 자막을 적은 OHP를 따로 비추었다. 그 작업은 시간이 많이 걸렸다. 예혼 예배 전 이틀 동안은 새벽까지 모여서 일을 했다. 예배에 참석해서 은혜 받은 사람도 많지만, 함께 밤새우며 작업하는 우리는 더 큰 은혜를 받았다. 일을 마치면 형의 멋진 매너, 도어 투 도어 서비스를 받았다. 누구든지, 아무리 멀어도 형은 집 앞까지 데려다 주었다.

제대를 앞두고 수현 형은 의사의 본업에 충실하기 위해 예혼 사역 일선에서 물러날 생각을 하고 있었다. 어느 날 형이 학교로 나를 찾아왔다.

"광수가 이제 예혼의 리더가 될 나이가 된 것 같다."

처음에는 사양했지만, 만일 투표를 해서 뽑히게 된다면 감당하겠다는 약속을 했다. 12월 예혼 모임에서 나는 팀장이 되었다.

형은 그날 굉장히 기분이 좋아 보였다. 뉴욕 샤브샤브 집에서 저녁을 맛있게 먹으면서 형은 새로 산 카메라를 자랑했다. 이 사람 저 사람 찍어 주기 바빴던 형을 앉혀 두고 누군가 사진을 찍었다. 형은 겸연쩍은 미소를 지으며 손을 흔들었다. 그러고는 자기 미니홈피에 그 사진을 올리고, 그 밑에 "여러분 안녕"이라고 썼다.

형이 아프기 일주일 전이었다.

배낭여행에서 돌아온 날, 형이 입원해 있다는 소식을 들었다. 나와 약속을 지키지 못했던 그날 밤, 형은 유행성출혈열로 응급실에 실려 갔던 것이다. 중환자실에 누워 있는 형의 모습을 지켜봤다. 황달로 노 랗게 변한 얼굴, 통통 부은 다리. 안타까웠다. 금방 털고 일어나기를 바라고 또 바랐다. 하지만 상황은 급박하게 돌아갔다.

수현 형 아버지는 장로님답게 의연하셨다. 아무리 위급한 상황이 지만 의사 선생님들을 믿고, 그분들이 안 된다고 하면 이제 주님께 보 낼 때라고 하셨다.

의사 한 분이 오셔서 가족들을 불러 모았다. 형의 가족들과, 형의 선후배 의사들, 예흔팀의 영주 누나 그리고 내가 형의 임종을 지켜봤 다. 이제는 정말 형을 평안히 주님 곁으로 보낼 시간이 된 것이다.

형이 소천한 다음 날, 나는 감리교신학대학원의 합격통지서를 받 았다. 합격증을 들고 제일 먼저 형의 영정 앞으로 갔다.

"형, 앞으로 내가 사역을 할 때 형이 가진 그 마음 잘 이어 갈게. 그 마음 잘 간직할게."

형의 장례식 날, 예흔팀 앞에서 나는 생애 첫 설교를 했다. 욥기 42장 5절이었다.

"내가 주께 대하여 귀로 듣기만 하였삽더니 이제는 눈으로 주를 뵈 옵나이다."

형이 예전에는 찬양을 통해 예수님에 대해 들었지만, 이제는 눈으 로 그분을 뵙고 있을 것이다.

나는 형에게서 딱 한 권의 책과, 딱 한 장의 음반을 선물로 받았다.

옥한흠 목사님이 쓰신 『소명자는 낙심하지 않는다』와 모리스 스클라의 바이올린 연주곡집 〈엘 샤다이〉였다. 시장성은 없지만 참 귀한 〈엘 샤다이〉 음반을 주면서 형은 나에게 이렇게 말했다.
"사람들이 이 음반이 얼마나 좋은지 알아야 할 텐데. 하지만 너는 이 음반을 갖고 싶어 할 것 같아. 그 가치를 알고 있으니까."
시장성은 없지만 가치가 있는 일, 세상 평가에 낙심할 수 없는 소명자의 길. 아마도 형은 내가 가야 할 길을 알고 있었던 것 같다. 나는 지금 한 고등학교의 교목이 되었다.

이 순간
당신을 예배하기로 결정합니다

내가 기억하는 가장 고통스러웠던 시간이 있었다. 그때 내가 할 수 있었던 것은 그 허탈한 가슴을 부여잡고 학교 앞 교회에 달려가 무릎을 꿇는 것이었다.

"예, 주님. 그렇습니다. 모든 것이 없어도 제 유일한 소망은 오직 주님뿐입니다."

그렇게 기도하는 가운데 그 무거웠던 짐이 작아지고 위태로웠던 소망의 불씨가 다시 살아나는 것을 느꼈다.

예배는 내가 편안하고 하는 일이 술술 잘 풀리기에 감사해서 드리는 경우도 있지만, 칠흑같이 캄캄한 생의 어느 순간에 처했을지라도 놓칠 수 없는 것이기도 하다. 슬픔과 고통이 나를 절망의 나락으로 얼마 동안은 빠지게 할지 몰라도, 기쁨과 소망은 여전히 내 앞에 남아 있다. 내가 예배를 선택하는 순간 나는 그것을 보게 된다.

여기저기서 '예배하는 삶, 삶으로 드리는 예배' 이야기를 많이 듣는다. 과연 예배자로 산다는 것은 어떻게 살아간다는 것일까? 여기, 나누고 싶은 찬양 가사가 하나 있다. "I choose to worship"이란 찬양이다.

당신의 궁정 밖에 우두커니 서서
들어가지 않을 수도 있었습니다
이 순간을 그냥 지나치고 내 갈 길을 갈 수도 있었지요
입을 다물고 찬양을 그쳐 버릴 수도 있었고
내 마음을 드리지 않을 수도 있었습니다

이 사람이 겪고 있는 삶의 길이 순탄치는 않은 것 같다. 다른 사람들은 주님의 궁정 안에 들어가 기쁨을 누리고 있지만, 지금 이 사람은 그 입구에 서성이며 갈등하고 있다. 수많은 방해들이 그의 앞을 막아서기도 한다. 잊고 있던 시린 상처와 쓴 뿌리가 다시 들고 일어나고, 인격이 아닌 능력으로 판단받는 삭막한 인간 사회가 눈앞을 가리기도 한다.

그는 이렇게 생각할지도 모른다.

'에라 모르겠다. 빨리 내 갈 길이나 가자. 여기서 머뭇대다가는 나만 더 낙오될 뿐이지.'

모질게 마음을 먹고 그 뜰 앞을 지나치려 하지만 왠지 그는 다시 고민에 빠진다.

나는 어디를 향해 가고 있는가?

나는 무엇을 위해 사는가?

내 인생에 무엇이 중요한 것인가?

그는 자기가 처한 상황의 어려움과 고통의 답을 모두 알지 못하지만, 그럼에도 불구하고 다시 주님을 선택하려고 한다. 상실과 고통 가운데서도 주님 편을 택했을 때 기쁨을 누렸던 것을 기억하면서.

그는 마음을 고쳐먹고 주님의 궁정 안으로 발걸음을 옮긴다.

당신을 예배합니다
당신을 사랑합니다
주님 마음 알게 되도록
주님 알기 원합니다
지금 이 시간에
오 주님, 경배합니다

이제 주님 안에서 기쁨과 평화를 누린 이들은 더 이상 뒤돌아서 갈 수 없다. 주님 전에서의 하루가 다른 곳에서의 천 날보다 귀한 것임을 체험했기 때문이다. 이제는 영원히 주님의 전에 거하며 그 이름을 찬양하는 것이 평생의 소원이 된다. 진정한 예배자는 입술이 아닌 마음으로부터의 순종으로 이루어진다.

지금 나는 다시 한 번 도전한다.

주님을 경배하기로 결정하자고.

매 순간 망설이지 말고 그 궁정으로 들어가겠다고.

진정한 예배자가 누구인지 기억하면서 내가 있는 자리에서 그 지경을 넓혀 가기를!

은밀한 기쁨

잊지 못할 환자들과의 만남이나, 주위 사람들과 나누고 싶은 그런 사건들을 만나면 나는 수첩에 글을 쓴다. 그 내용들을 모임에서 나누기도 하고, 글로 적어 게시판에 올리기도 한다. 하지만 가끔은 붓두껍을 닫기도 한다. 다른 이들과 나누지 않고 내 영혼 속에 소중하게 간직하고 싶은 일들이다. 오직 하나님과 나만이 아는 일. 나는 그 숨겨진 부분을 '은밀함'이라고 부르고 싶다.

어떤 인간의 선하고 아름다운 일들이 다 밝혀지면 사람들은 그를 놀라운 하나님의 사람으로 우러러볼지도 모르지만, 정작 그의 내면에는 더 이상 평안이 존재하지 못할 것이다. 퍼낼 것이 얼마 없는 연료 탱크의 상태를 무시한 채 그는 사람들의 기대를 만족시키기 위해 끊임없이 비행할 것이고, 오래지 않아 그 얕은 바닥이 드러나고 불시착하게 될 것이기 때문이다.

아무리 은혜로운 말도 다른 사람들과 나누고 나면 혹시 내가 자랑하고 싶어서 그런 것은 아닌지 고민할 때도 있다. 하지만 하나님과만 나누면 그럴 걱정이 없다. 그런 은밀한 공간이 커지면 커질수록 내 마음은 하나님과 가슴 뛰는 사랑의 밀어를 주고받으며 함께 걷고 춤을 추는 절정을 향해 달려간다. 아무도 모르는 주님과 나만의 소중한 자리로.

우리에게 향하신 여호와의 인자하심이 얼마나 크고 놀라웠는지. 상황들과 사람들의 마음을 바꾸시고, 그 절묘한 시간을 만나게 하신 일들이 얼마나 많았는지. 내 영혼의 서랍 속에 차곡차곡 쌓여 있는 격려와 감사의 편지들을 열어 보면서 그동안 얼마나 많은 주님과의 숨은 이야기들이 내 삶 속에 있었는지를 새삼 깨닫는다.

힐송의 〈You are my world〉를 번역하면서 마음 깊이 아로새겨진 곡이 하나 있다. "To You"라는 곡이다. 그 후렴구의 가사는 이렇다.

나는 주께 속했네
당신의
성령과 진리 말씀
내 영혼 간절한 소망
주 아는 것

손 들고
주 이름 높이며
주님께
찬양의 제사 드리네
나의 이 간절한 사랑을
아는가

나는 주의 것

이 찬양을 들으면 앞이 탁 트인 망망대해를 바라보며 간절한 소망과 사랑을 쏟아 놓고 있는 내 모습을 발견하게 된다. 특히 "Heaven knows"라는 가사는 내 마음을 흔든다. 'Heaven knows'라는 말은 'Nobody knows'라는 말과 같다. 가사를 직역하면, "내 모든 존재를 드려 주님을 사랑하겠노라는 이 뜨거운 사랑의 마음을 아무도 모르리라 오직 하나님은 아시리라."라는 은밀함에 대한 것이다.

나는 오늘도 교회 가는 길에 이 찬양을 부르며 눈물을 흘렸다.

"주님 사랑합니다. 나는 당신의 것입니다."

그 은밀한 기쁨의 순간이 내게 찾아왔다. 그 기쁨이 얼마나 놀라운 것인지.

2천 년 전 궁궐이 아닌 누추한 마구간으로 오신 주님이 은밀한 곳에서 당신과 나를 만나기 위해 기다리고 계신다. 크리스마스의 화려한 모임과 행사를 잠시 접고 주님과 만나는 은밀한 장소를 한번 만들어 보는 것은 어떤가.

오랜 순종이 빚어낸
깊은 예배

『사랑이 부푸는 파이가게』라는 책을 쓰신 트루디 사모님(김장환 목사님의 아내)은 "네가 심겨진 곳에서 활짝 피어라"라는 말을 평생 좌우명으로 삼고 있다고 한다. 모두 화려하게 꽃을 피우기를 바라지만 아무 대가 없이 저절로 되는 법은 없다. 제대로 심겨져야 하고 꽃망울을 피우기까지 충분히 자라야 한다. 작은 씨앗 하나가 아름다운 한 송이 꽃으로 만개하기까지는 오랜 시간과 노력이 든다.

학교를 졸업하고 수년간의 직장생활을 한 후 하나님의 말씀을 삶으로 소화해 낸다는 것이 얼마나 힘이 드는지 나는 조금씩 실감하고 있다. 대학 시절에는 말씀이 선포되었을 때 가슴이 뛰었고 헌신을 다짐하기도 했다. 지금도 가슴은 뿌듯하지만 그 메시지를 실제로 살아 내기란 만만치가 않다는 것을 안다. 그러나 하나님이 주신 약속과 그 약속이 성취될 하나님의 시간, 그 사이의 간격을 이어 주는 다리를 '믿음'이라고 생각한다. 그런 소소한 삶의 분투가 모여 우리의 삶을 형성하고 마침내 삶으로 드리는 예배의 실체가 드러나게 되리라는 것을 믿는다.

찬양 사역자 테리 맥알몬은 태어날 때부터 생사의 갈림길을 겪어 본 사람이다. 태어나자마자 두개유합증(두개골의 연접부가 조기에 유합되는 병)으로 한 달을 넘기기 힘들다는 진단을 받았다. 그의 어머니는 하나님께 매달렸다. 수술 없이 그의 병은 나음을 입었다.

어릴 때부터 테리는 음악적인 총기를 보여 주었다. 11세에 교회 반주자로 섬겼고, '스테이트 & 내셔널 탤런트 상'을 수상했다. 1973년 여름, 한 수련회에서 하나님을 새롭게 만난 그는 17년간을 미국 여러 곳에서 예배인도자로 사역했다.

우리에게도 널리 알려진 "나는 찬양하리라"(I sing praises to Your name)는 86년에 만든 그의 대표적인 곡이다. 그러나 잘나가던 그의 사역은 90년 그가 콜로라도 스프링스에 교회를 개척하면서 예상치 못한 상황들에 부딪히고 말았다. 웅대한 비전을 품고 개척한 교회는 부흥은커녕 오래도록 안정을 찾지 못하고 비틀댔다. 그 후 8년 동안 광야 같은 생활을 한 그에게 다시 하나님의 음성이 임했다. 이 도시에서 하늘 문을 열기 원하니 예배자들을 모으라는 것이었다.

그는 망설였다. 예전 같았으면 즉시 마음이 뜨거워질 일이었지만, 오랫동안 소출이 없는 사역 가운데 몸부림치던 그는 묵은 땅을 갈아엎으라는 주님의 음성에 선뜻 일을 시작할 수 없었다. 그는 미약하게 시작했다. 그가 살던 스프링스에 위치한 세계기도센터 메인홀에서 매주 수요일 정오 "주와 함께 점심을"이라는 찬양과 중보기도 모임을 열었다. 처음에는 열 손가락으로 꼽을 만큼의 적은 수가 모였다. 그러나 이제 매주 수요일 정오에는 수백 명의 크리스천들이 모여 성령의 놀라운 기름 부으심을 경험하고 있다.

이번에 국내에 라이센스된 테리 맥알몬의 음반 〈세계기도센터 예배 실황〉은 이미 발매된 세 장의 앨범 중 가장 폭넓은 지지를 받고 있다. 다른 음반에 비해 적은 숫자의 곡이 실린 이유는 매 곡마다 넉넉한 시간을 가지고 반복되기 때문이다. 여러 예배의 현장을 담았기 때문에 수록곡마다 그 자체로 하나의 예배인 것처럼 다가온다.

영성 작가로 널리 알려진 유진 피터슨은 『한 길 가는 순례자』에서 니체의 "지상과 천상을 통틀어 절대적인 사실은 한 방향으로의 오랜 순종이 있어야만 하며, 그때에만 인생을 살 만한 가치가 있게 해주는 결과가 있게 마련이고, 또 언제나 그래 왔다는 것이다."라는 구절을 인용한다. 이 세상의 속성은 즉각적이고 일회적이다. 세상은 한 방향으로의 오랜 흐름을 좌절시키기 위해 얼마나 집요하게 달려드는가.

테리에게도 좌절의 8년간은 몹시 고통스러웠을 것이다. 그러나 그는 인내하며 기다렸다. 주님의 때에 이르러 그의 사역은 서서히 열매를 맺고 있다. 그가 인도하는 예배 가운데 부어지는 성령의 역사는 광야 시절에 준비된 것이다.

혹시 그대, 광야 가운데 있는가? 인내하며 사랑했던 사람들은 변화의 기미가 없고 섬김의 열매는 너무 적어 흔들리고 있는가?

> 확인해야 할 것은 단순하다. 우리의 마음이 깨끗하고 동기가 순수하며 기본 방향이 옳은지 즉 '하나님 나라'라는 '정북'을 가리키고 있는지 그것

만 확인하면 된다.

-제럴드 L. 싯처, 『하나님의 뜻』

그렇다. 지금 내가 처한 곳에서 그분을 위한 삶을 사는 우리에게 주님이 준비하실 놀라운 제2막이 기다리고 있다.

나의 간증이 된 음반,
⟨God with Us⟩

⟨God with Us⟩ 이 음반은 내게 특별한 음반이다. 작년에 내가 어려운 상황에 처했을 때 여기에 수록된 찬양곡들의 가사를 되새기며 이겨 낼 수 있었다. 또 학교를 쉬려고 했던 한 후배에게는 용기를 북돋워 주어 공부를 계속하게 해주었다.

이 음반의 제목은 하나님께서 인간들에게 직접 알려 주신 그분의 이름이다. 우리가 알고 있는 수많은 그분의 이름들 여호와 이레, 여호와 라파, 여호와 샬롬은 그분이 가르쳐 주신 것이 아니라 우리가 그분을 직접 대면해 보고 몸으로 체험하면서 알게 된 고백들이다. 그 이름 하나하나도 그토록 소중한데 하물며 그분께서 직접 알려 주신 이 이름이랴.

지난 수련회에서 한 선배가 찬양테이프를 소개하면서 이런 설명을 덧붙인 적이 있다.

"여러분이 말씀을 읽을 수도 없고 기도도 할 수 없을 때, 찬양을 듣는 것만으로도 하나님 앞에 나아가는 데 큰 도움이 됩니다."

나는 이 음반을 통해 그 선배의 말뜻을 체득하게 되었다. 13번째 트랙에 "나의 가는 길 주님 인도하시네"(God will make a way)가 있다. 이사야 43장 19절, "보라 내가 새 일을 행하리니 이제 나타낼 것이라 너희가 그것을 알지 못하겠느냐 정녕히 내가 광야에 길과 사막에 강을 내리니"를 곡으로 만든 것이다.

> 나의 가는 길 주님 인도하시네
> 그는 보이지 않아도
> 날 위해 일하시네
> 주 나의 인도자
> 항상 함께하시네
> 사랑과 힘 베푸시며
> 인도하시네 인도하시네

힘든 일 앞에서 이 곡을 부를 때 위의 가사가 나를 고민하게 했다.

"나는 진정 이 가사를 나의 고백으로 부르고 있는가? 하나님이 내 눈엔 길이 전혀 없어 보이는 곳에 나를 위해 길을 만드시는 분임을 나는 정녕 믿고 있는가?"

결코 가볍지 않은 질문이었지만, 나는 "예"라고 고백했다. 그 후로는 마음에 평안함을 잃지 않았다.

이 음반이 다른 음반과 차이 나게 하는 것은 찬양 사이사이에 있는 리더 돈 모엔의 간증이다. 특히 이 곡을 만들게 된 사연을 말하는 대목은 듣는 이로 하여금 동일한 고백을 이끌어 내고 주님 앞에 무릎을 끓게 한다. 좀 더 개인적인 것은, 좀 더 보편적이기도 한 것이기 때문이리라. 그런 면에서 이 음반은 그동안 많이 불렸던 찬양들을 'God with Us'라는 한 주제로 묶은 찬양간증이라고 할 수 있다.

돈 모엔이라는 이름은 이 시대의 경배와 찬양의 흐름에 있어서 빼놓을 수 없는 존재다. 특히 우리나라에서 그의 이름은 해외 찬양인도자를 대표하는 상징과도 다름없다. 돈 모엔은 98년부터 한국을 방문하기 시작해서 '통일 워십 콘서트'를 비롯한 여러 집회를 가진 바 있다.

이 음반의 또 한 군데 특기할 만한 것은 하나님께서 태초부터 지금까지 우리와 함께하신다는 고백과 더불어 성경 66권 전체에 걸쳐 예수님이 우리와 동행하신다는 대목을 낭독하는 것이다. 성경에 지식이 조금이라도 있는 사람이면 더욱 큰 감동을 받을 것이다.

비디오로도 제작이 된 이 음반은 개인적으로 '예흔'이라는 섬김을 시작하게 하는 데 가장 중요한 역할을 하기도 했다. 물론 예흔의 첫 작업은 "God with Us"였다.

교회 찬양대에서 음악 예배를 드릴 때면 인사말에 단골로 쓰는 성경구절들이 있다.

"이스라엘의 찬송 중에 거하시는 주여 주는 거룩하시니이다."

"호흡이 있는 자마다 여호와를 찬양할지어다."

"이 백성은 내가 나를 위하여 지었나니 나의 찬송을 부르게 하려 함이라."

찬양이란 하나님을 높이고 기쁘시게 하는 것이다. 하나님은 우리 찬양 가운데 거하신다. 찬양을 기뻐 받으신다. 화려한 악기의 울림이

나 분위기와는 거리가 멀다. 하나님은 참으로 우리가 "나의 주 나의 하나님"이라고 고백하며 소리 높여 하나님을 자랑하는 가운데 계신다. 그것을 다른 말로 하면 간증이다. 그러므로 우리 입으로, 우리 몸으로 하는 간증은 하나님을 향한 최고의 찬양이다. 성악가의 우렁찬 소리보다 영혼 깊은 곳의 부르짖음이 그분의 귀에 더 크게 들릴 것이다. 말로만이 아닌 몸으로 하는 우리의 신앙실천이 더욱 향기로운 제사가 될 것이다.

하나님 앞에 서거든 춤을 추자. 사모하는 즐거움으로 노래하자. 가사에 집중함으로 그분이 어떤 분이신지, 우리에게 어떤 놀라운 일을 행하셨는지 기억하자.

그분 앞에 무릎을 꿇자. 두려움으로 기뻐하자.

그분의 때에 당신이 간구한 일들에 신실하게 응답하고 계시지 않는가.

푸른 믿음

그는 탁월한 학력과 걸출한 언어로 사람들을 사로잡는 목회자가 아니었다. 그의 아내도 음악을 좋아하기는 했지만 정식으로 음악 교육을 받아 본 적이 전혀 없다. 이 교회에 모여든 사람들은 하나같이 교회 재정에는 도움이 되지 않을 꾀죄죄한 사람들뿐이다. 이런 사람들로 구성된 찬양대가 대중 앞에 섰을 때 사람들이 떠올렸을 생각은 대충 이랬을 것이다.

'브루클린에서 무슨 선한 것이 날 수 있단 말인가?'

미국 뉴욕의 브루클린 지역은 그다지 매력적인 곳이 아니다. 영화 〈브루클린으로 가는 마지막 비상구〉에서 볼 수 있듯이 적어도 부유하고 깔끔한 곳은 아니다. 하나님은 그런 지역에 있는 보잘것없는 사역자 부부를 사용하셨다.

1971년, 30명도 되지 않는 교인들을 모아 놓고 짐 심발라 목사 부부는 교회를 시작한다. 둘 다 변변한 신학교육이나 음악교육을 받지 못했지만, 그들에게는 순수한 열정이 있었다. 그들은 교회를 위해 계획을 세우고 프로그램을 만드느라 머리를 싸매기보다는 기도 모임을 시작한다. 매주 화요일 밤마다 삐걱거리는 교회에서 드려지는 기도 모임에는 술주정뱅이가 난동을 부리기도 하고, 수위가 헌금을 훔쳐 달아나기도 하는 등 많은 사건을 겪어야 했다. 그러나 물질적·도덕적으로 황폐해져 가는 대도시 한가운데가 바로 잊혀진 선교지임을 깨닫고 묵은 땅을 기경하기 시작한 심발라 목사의 교회는 점점 자리를 잡아 간다.

그의 수고로 마약과 알코올로 몸과 마음이 모두 망가진 사람들이 회복되고 이제는 1만여 명의 성도들이 모이는 교회로 성장하게 되었다. 현재 브루클린 태버내클 교회는 뉴욕 중심가에 10여 곳의 지교회와 남미 여러 지역에 선교부를 두고 지원하고 있다.

짐 심발라 목사님을 알게 된 것은 몇 년 전, 우연히 국내에 선을 보인 책 『새 바람 강한 불길』을 만나면서부터다. 두껍지 않은 책이었지만, 성령의 역사가 살아 숨 쉬는 생동감과 열기로 가득했다. 책에 예화로 등장한 인물들이 예사롭지 않았다. 하나같이 세상적으로 부적절한, 그러기에 주님의 은혜를 몸으로 똑똑히 보여 주는 사람들이었다. 간결하지만 뚜렷한 성령의 역사가 있는 교회의 모습은 퍽이나 인상 깊었다.

브루클린교회에 모여든 사람들의 갖가지 문제에 대해 이 책이 주는 정답은 결국 한 가지였다.

"오직 무릎으로"

이 책은 미국 전역에서 많은 독자들의 사랑을 받게 되고, 짐 심발라 목사는 이어서 두 권의 책을 더 내게 된다.

두 번째 책이 『푸른 믿음』이다. 이 책 역시 믿음의 연료가 떨어져

고전하는 성도들에게 유효적절한 메시지를 준다. 그는 문제의 핵심을 끄집어내고 사람들의 마음에 믿음의 불길을 지피는 데 놀라운 달란트를 보여 준다. 내가 올해 상반기에 읽었던 책들 가운데 단연 손꼽아 추천하는 책이다. 책 가운데 이런 구절이 있다.

> 하나님의 능력의 창고를 여는 열쇠는 믿음이다. 하나님이 원하시는 것은 믿음이다. 하나님과 우리 사이의 문을 여는 열쇠는 바로 믿음이다. 하나님이 우리에게 원하시는 믿음은 현실을 피하는 것이 아니라 문제에 정면으로 맞서는 것이다. … 이제 내 힘으로 분투하겠다는 모든 수고를 그쳐야 한다. 손을 털고, 단순한 믿음으로 하나님을 부르라. 하나님을 의뢰하고 실망한 사람은 하나도 없음을 기억하라. 인류 역사상 하나님을 의지했다가 실족한 사람은 하나도 없다. 결코 없다.

짐 심발라 목사의 아내인 캐롤 심발라는 목사 집안의 딸로 태어났다. 캐롤은 정식 음악 교육을 받지는 않았지만 어릴 때부터 음악을 좋아했다. 목사인 남편의 사역을 돕고자 찬양대를 만들고 꾸려가던 중 녹음을 해보기로 하지만 적당한 곡을 찾을 수가 없었다. 그녀는 즉흥적으로 노래를 만들었다. 악보를 볼 줄도 쓸 줄도 모르면서 말이다. 대신 하나님께서는 그녀에게 성령의 기름 부으심을 통해 마음에서 흘러나오는 노래를 그대로 연주할 수 있는 은사를 허락하셨다.

그들의 노래를 듣고 가능성을 발견한 음반사에서 음반을 녹음하고 이어서 악보집이 나왔지만 정작 찬양대원들은 이것을 구입할 필요가 없었다. 악보를 볼 줄 아는 사람들이 별로 없었기 때문이다.

브루클린교회 찬양대는 백인, 히스패닉 그리고 아프리카계 미국인들과, 청소부로부터 간호사, 그리고 변호사에 이르는 다양한 구성원들로 이루어져 있다. 이 찬양대는 현재 그래미상과 도브상을 휩쓸며 미국에서 가장 유명한 찬양대로 이름을 떨치고 있다.

캐롤 심발라에게 두 가지 큰 어려움이 동시에 닥쳤다. 암 선고와 맏딸 크리스의 가출이었다. 양쪽 난소와 자궁을 들어내는 대수술을 받으며 캐롤은 암과의 외롭고도 고통스러운 싸움을 시작하게 되었다. 동시에 우울증이 겹치면서 사망의 음침한 골짜기를 지나는 격심한 환난의 시기를 보낸다. 온 교인들의 중보로 2년 반 만에 딸 크리스는 부모의 품으로 돌아왔다. 캐롤이 쓴 책 『He's been Faithful』(우리나라에서는 『향기 있는 삶의 노래』로 출간되었다) 표지에는 그녀의 딸 크리시의 두 손이 담겨 있다. 하나님은 언제나 신실하시다고 말하면서.

슬퍼하지마, 잠시 쉬는 거야

윤익환

이번 겨울은 눈이 무척 많이 쏟아졌다. 추운 날은 또 얼마나 많았는지. 얼어붙은 눈 위로 또 눈이 살짝 내려 온통 빙판이었던 날, 아침 일찍 출근하던 나는 길에서 된통 미끄러졌다. 얼굴은 피범벅이 되었고 안경은 깨졌다.

안경. 다리도 부러지고 알도 깨져 버린 안경. 나는 얼굴이 다친 것보다 안경이 부서진 것이 더 마음이 아팠다. 그 안경은 수현 형이 군대 가기 전에 나를 데리고 형의 아버님이 운영하시던 안경가게에 가서 골라 준 것이었다.

나는 복음성가에 관심이 많았다. 경배와 찬양을 좋아하다 보니 어느덧 인터넷 프리첼 인테그리티 커뮤니티 카페 정팀방 방지기가 되어 버렸다.

안수현이라는 친절한 정보제공자가 있었다. 누군가 가사의 한 부분만 알고 "도대체 이 곡이 무슨 곡인가요?" 하고 물으면 금방 원곡의 영어 가사와 번역까지 올려 주었고, 악보가 필요하다고 하면 어떻게 구했는지 악보를 올려 주었다. 해박한 지식으로 찬양의 뒷이야기나 가수와 곡에 대한 좋은 글도 많이 썼다. 나는 수현이란 이름만 보고 '이 여자분, 참 대단해' 하고 생각했다.

어느 날 안수현 씨는 번개 모임으로 영락교회에서 열리는 예흔 예배를 같이 드리자는 제안을 했다. 2001년 2월, 우리는 돈 모엔의 "I will sing"으로 예흔 모임을 가졌다. 나는 안수현이란 사람이 얼굴이 포근하고 덩치가 좋은 남자 의사라는 것을 그때 처음 알았다.

'와, 찬양으로 이렇게 예배를 드릴 수도 있구나.'

새로운 깨달음이었다. 나는 그 후로 예흔에 계속 나오게 되었다.

그 해 5월, 원주에서 미팅이 있었을 때 수현 형은 'Passion' 집회의 〈One day LIVE〉 DVD를 가져와서 우리에게 보여 주었다. 그 앨범은 2000년 5월, 테네시 주 멤피스의 한 공원에서 가졌던 야외집회 실황 앨범이었다. 그 넓은 공원에 모인 4만 명 가까운 미국의 대학생들은 텐트를 치고 같이 말씀을 듣고 찬양을 했다. 매트 레드맨과 크리스 탐린이 "주 달려 죽으신 십자가"를 부르는 장면이 있었다. 두 남학생이 푸른색 대형 십자가를 들고 나오는데, 그 밑으로 학생들이 달려와 엎드리고 쓰러지면서 손들고 찬양하고 울었다. 어떤 여학생은 마스카라가 지워져 검은 눈물이 흘렀다.

나는 그런 집회 장면을 처음으로 보았다. 자유분방한 줄만 알았던 미국의 대학생들도 우리와 같은 순수한 신앙의 열정이 있다는 것, 예수님의 복음은 세계 어디서나 동일하다는 것이 마음에 크게 다가왔다. 나는 거기서 선글라스를 끼고, 손을 주머니에 넣은 채 건방져 보이는 표정으로 찬양을 하던 매트 레드맨을 알게 되었다.

"익환아, 마운트 카멜에서 네가 사고 싶은 그 음반이 3달러 99센트야. 빨리 들어가 봐."

형은 정보통이었다. 음반도 싸고 배송료도 싼 사이트에서 세일을 하면 얼른 알려 줬다. 나는 형 때문에 CCM의 흐름과 앨범에 대한 지식을 쌓았다. 영어가 약해서 수현 형이나 광수의 도움을 받았지만, 지금까지 2천 장의 CCM 앨범과 DVD를 모았다. 내 좁은 방은 옷 대신 앨범이 꽉 차 있는 캐비닛과 박스로 가득하다. 퇴근을 하면 내가 가장 좋아하는 폴 윌버의 파워풀한 찬양을 들으며 하루를 마감한다. 내 꿈은 호산나 인테그리티 정규앨범을 다 갖추는 것이다. 지금까지 열심히 모았지만 5-7장의 앨범이 빠진다. 할 수 없이 중고품이라도 사야 할 것 같다. 그다음에는 이 앨범들을 정리해서 사이트에 올릴 것이다. 나도 형처럼 내가 가진 모든 앨범 정보들을 공유할 생각이다.

수현 형은 자기가 도울 수 있는 것이라면 거절하는 법이 없었다. 언젠가 악보 하나가 필요한 적이 있었다. 형이라면 가지고 있을 것 같아서 전화를 했더니 악보를 들고 내가 일하던 찜질방으로 달려왔다. 공짜로 목욕하고 쉬었다 가라고 해도 형은 부대로 가야 한다며 바쁘게 돌아갔다. 이상하게 나에게는 그 장면이 오래 남아 있다. 작은 자에게도 성심을 다하는 그 신실함이.

할 일이 없는 것처럼 답답한 것은 없다. 건축을 공부했지만, IMF

이후 지금까지 건축 경기가 바닥이라 취업하기가 어려웠다. 아버지가 찜질방을 해보자고 하셔서 5년 동안 그 일에 매달렸지만, 그나마도 문을 닫고 말았다. 아침이면 다들 바쁘게 직장으로 가는데 혼자 집에 있다는 것이 얼마나 견딜 수 없는 고통인지 모른다. 마침 같은 아파트에 사는 어머니 친구가 전화를 하셨다. 자기 아들이 교통사고로 병원에 누워 있는데 혹시 두 달 동안만 대신 일해 줄 수 있겠냐고. 썩 내킨 것은 아니었지만, 이상하게 마음이 바뀌어 그러겠다고 했다.

두 달 동안 열심히 일을 했다. 사고를 당한 그 친구에게 누를 끼치면 안 될 것 같아서였다. 계약 기간이 만료되고 나는 다시 실업자가 되었다. 며칠 후, 그 직장에서 같이 일했던 윗분에게서 전화가 왔다. 자리가 하나 날 것 같으니 다른 곳에 취직하지 말고 기다리라고. 나는 다시 일자리를 얻었다. 작은 일에 충성했더니 주님께서 주신 선물이다.

수현 형이 소천한 후 나는 예흔의 자료팀장이 되었다. 형이 여러 번 스태프로 오라고 불렀지만, 그때는 나 자신이 준비가 덜된 것 같아서 거절을 했었다. 그러나 형이 갑자기 죽자 형에게 받기만 했지 아무것도 준 것이 없는 게 마음이 아팠다. 형은 갔어도 형이 만든 예흔만은 계속 이어지게 하고 싶었다. 아마 다른 예흔 멤버들도 나와 같았을 것이다. 다들 직장이 있고 가정이 있어 예전처럼 예흔에 에너지를 쏟기가 힘들었지만, 최선을 다해 예흔을 이끌어 갔다. 하지만 더 버틸 수가 없었다. 2011년 8월, 13주년 기념예배를 〈God with Us〉 앨범으로 드리고 예흔의 막을 조용히 내렸다.

나와 형이 공유했던 우리 시대의 문화들도 하나둘 사라지고 있다. 우리가 처음 인터넷에서 만났던 프리챌도 없어졌다. 형은 합창단으로, 나는 스태프로 3일 밤을 새우며 열광했던 대형 CCM 집회도 앞으로는 열릴 것 같지 않다. 이제는 누가 먼저 외국의 새 앨범을 입수할 것인지 신경전을 펴는 일도 없다. 외국과 거의 동시에 한국에서도 라이센스 앨범이 나오기 때문이다. 세상풍조는 바뀌는 것이고, 하나님의 말씀과 찬양은 또 다른 모습으로 계속될 것이니 서운할 것은 없다.

한 달에 한 번, 용산전자상가로 CD를 사러 간다. 지하철 4호선 동작역에서는 형이 묻혀 있는 현충원이 보인다.

"형, 예흔 예배 없어졌다고 슬퍼하지 마. 잠시 쉬는 거야. 그동안 부지런히 새 앨범을 모을게."

새 안경을 맞췄다. 요즘 유행하는 세련된 플라스틱 테로.

부러진 안경은 소중하게 보관했다. 수현 형이 내 마음의 박물관에 영원히 간직되어 있는 것처럼.

주님,
저 힘든 것 아시지요?

항상 하나님의 인도하심을 따라갔다고 여겼던 내가 생각지도 않았던 상황에 맞닥뜨린 적이 있다. 나의 믿음의 여정에서 반전과 같았던 그 일은 그간 내가 받았던 인도하심을 모두 부인해야 하는 것이었다. 그것도 내 인생에서 가장 중요한 의사국가고시를 3주 앞두고 있었을 때.

당연히 하루 종일 공부가 손에 잡히질 않았다. 내면적인 붕괴가 일어나는 것이 아닐까 할 정도였다.

'과연 내가 주의 인도하심을 바로 따라간 것일까? 내가 틀린 것일까? 상대방이 틀린 것일까? 그럴 리가 없어. 신실한 그 사람이 그럴 리가 없어. 그럼 하나님이 틀리신 것일까?'

더 이상 질문조차 할 수 없었다. 생각을 더 진행할 수가 없을 정도로 가슴이 꽉 막혀 참을 수가 없었다. 결국 도서관을 나와 학교 근처 교회로 달려갔다. 생전 처음으로 하나님께 따지겠다는 불손한 마음을 품고 말이다.

하지만 막상 십자가 앞에 무릎을 꿇고 나니 감히 그럴 엄두가 나지 않았다. 내가 어떻게 감히 입을 떼어 주님의 사랑과 계획, 신실하심을 의심할 수 있단 말인가?

그저 어렵게 입을 벌려 토해 낸 말은 이것이었다.

"하나님, 제가 참 힘드네요.

하나님, 저 이렇게 힘든 거 아시지요?

주님, 아시지요?"

참았던 눈물이 봇물 터지듯 흘러나왔다. 정말 그 앞에서 엉엉 울면서 한참 엎드려 있었다. 얼마나 그렇게 있었을까? 다시 학교로 터벅터벅 걸어와 도서관 자리에 앉아 억지로 책을 펼쳐 들었다.

이윽고 깨닫게 된 것이 있었다. 하나님께서 그 아픔의 크기를 줄여 주셨다는 것이다.

그렇게 축소된 아픔을 조심스럽게 끌어안은 채 국가고시를 준비했다. 속으로는 아직 해결되지 않은 이 문제에 대해 계속 기도하고 있었다.

"주님, 주님의 뜻이라면 이 상황을 바꿔 주세요."

잘 알려지지는 않았지만, 매우 고통스러웠을 그때 내 마음을 어루만져 주었던 찬양이 있다. 에드 커가 부른 "Change my heart O God"이다.

나는 이 노래의 가사를 계속 되뇌었다.

제 마음을 변화시켜 주소서, 오 하나님

성령으로 저를 충만케 하소서

하나님에게서 저를 멀어지게 하는 모든 욕망을 없애 주소서

저를 어디로 인도하시든

제가 어떤 시험을 당하든

제가 성장하고 순종할 수 있도록

하나님께서 도우실 것을 믿습니다

이틀간의 국가고시가 끝났다. 드디어 그간 아슬아슬하게 끌어안고 있었던 문제를 확실하게 풀어야 할 때가 왔다.

숨을 고르고, 두렵고 떨리는 마음으로 그 사람을 만나러 발걸음을 떼었다. 하지만 이미 시간이 늦어 있었다. 상황은 내가 추스르거나 돌이키기에는 너무 많이 진행되어 있었고, 내가 할 수 있는 것은 그 상황을 받아들이고 상대방을 축복해 주는 것뿐이었다.

물론 그날 상한 심령을 숨기고 있었던 다른 한 사람을 위로할 수 있었다는 작은 성과는 있었지만, 나는 벙어리 냉가슴을 앓듯 아픈 가슴을 부여잡고 집으로 돌아와야 했다.

사실 아직도 그때 내가 주님의 뜻을 잘못 따라갔던 '오류'가 무엇이었는지 그 정답은 잘 모른다. 하지만 최근 읽었던 한 책에서 작은 단서 하나를 발견했다. 우리가 신뢰해야 할 것은 하나님의 방법이 아니라 하나님 그분이라는 것을. "나를 인하여 실족하지 아니하는 자는 복이 있도다"라고 말씀하신 예수님만을 신뢰해야 한다는 것을.

세월이 흘렀어도 아직도 싸아한 아픔이 모두 가신 것은 아니다. 하지만 이 모든 것 또한 나를 성장시키시고 순종을 훈련시키시는 주님의 크고 놀라운 계획안에 있는 것이리라.

'주님…'

-오늘 뜬금없이 이 글을 쓰게 된 이유를 스스로도 어리둥절해하면서.

깨지고 상한
내 마음을 드립니다

찬송가 음반을 생각할 때마다 떠오르는 장면이 있다. 내가 아직 학생 신분으로 병원실습을 나왔을 때 만났던 말기 암 환자분이다. 그분은 병실 창가에 누워 계셨는데 곁에 있는 카세트에서는 늘 찬송가가 조용히 흐르고 있었다. 그의 모습은 초췌했으나 평안했다. 그 순간을 기억하며 나는 지금도 그 테이프를 환자분들에게 선물하고 있다.

찬양을 통해 우리가 얻는 유익 중 하나는 '기억나게 하는 것'이다. 주님의 선하심과 신실하심, 때를 따라 내려주시는 공급하심, 곤고한 때에 동행하셨던 순간들 말이다. 우리는 너무 자주 이것을 잊고 산다.

어릴 적 동네의 누추한 예배당 혹은 미션스쿨의 작은 기도회…. 우리의 기억 저편에 아스라이 남아 있는 그 영적 고향을 당신은 기억하고 있는가? 당신의 영적인 유산의 흔적은 당신의 삶에 지금 어떤 영향을 미치고 있는가?

에이미 그랜트를 처음 만났던 곳은 빌보드 차트였다. 1980년대 중반 당시 유명한 팝그룹 '시카고'의 리드 보컬 피터 세트라와 함께 부른 "Next time I fall"이란 곡이 당당히 팝차트 1위에 올랐었다. 나는 그 여성 가수가 에이미 그랜트라는 CCM 가수라는 것을 몇 년 후에 알게 되었다.

선두주자는 말도 많고 탈도 많은 법. 가장 성공한 CCM 가수인 에이미 그랜트 역시 찬사와 비난을 한 몸에 받았다. 새 앨범이 나올 때마다 보수적 기독교인들은 기독교적 색채가 옅어진다면서 문제를 제기하곤 했다. 결정적으로 그녀가 외면당하게 된 것은 1999년 CCM 가수인 게리 채프먼과 이혼하고 일 년 뒤 컨트리 가수 빈스 길과 재혼한 다음이었다. 모든 출연 요청은 취소되고 아무도 그녀를 초대하지 않았다. 크리스천 뮤지션으로서 겪어야 할 값비싼 대가였다.

오랫동안의 침묵을 깨고 제작자가 그녀에게 제안한 것은 찬송가 앨범이었다. 그러나 그녀는 쉽게 녹음을 결정하지 못했다. 찬송가 앨범은 판매량이 보장되는 '넓은 길'이지만 쏟아져 나오는 앨범들은 기대한 만큼의 질을 담고 있지 못한 경우가 많다. 소비자들도 "또 찬송가야?" 하는 반응을 보이기 일쑤다. 물론 거꾸로 생각하면 그만큼 찬송가 앨범을 찾는 구매층이 두텁다는 이야기도 된다.

그녀가 낸 17번째 앨범 〈Legacy… Hymns & Faith〉는 단순히 찬송가를 모아 담은 것이 아니라 자신의 신앙의 뿌리를 돌아본다는 의미를 부여함으로써 다른 앨범과는 차별되는 가치를 지닌다.

찬송가보다 이 앨범을 더 빛나게 하는 것은 그녀의 새 노래들이다. 에이미 자신의 고백이기도 한데, 그중 "What You already own"의 가사는 침묵 속에서 보냈던 자신을 겸손하게 되돌아보는 내용으로 단연

돋보인다. 이 노래에서 우리는 수백만 장의 앨범이 팔리고 각종 상을 휩쓴 스타가 아닌, 주님의 용서와 보호를 갈구하는 가난한 마음의 한 여인을 본다.

> 깨지고 상한 나의 마음 드립니다
> 나의 마음 주만 의지하리
> 믿음이 없고 잘못을 행하는
> 주께 속한 나, 주님 보호해 주시려나
>
> 벌거벗고 연약한 내 몸을 드립니다
> 열정은 있지만 연약한 나를
> 신실하고자 해보지만 또 잘못을 범하는
> 이 부족한 주의 자녀 돌보시렵니까
> 이 부족한 주의 자녀 돌보시렵니까
> 믿음이 약하고 실수가 많은 저입니다
> 이런 저 같은 사람을 택하셨고 돌보시나요
> …
> 이 믿음 굳세도록 힘을 주소서
> 주께서 택한 자녀 지켜 주시리라
> 주의 택한 자녀 늘 돌보시네

에이미 그랜트는 한 인터뷰에서, 이 앨범을 녹음하면서 어릴 때 이

후 자신의 내면에서 멀어져 있던 찬송들이 그 어느 때보다 절실하게 하나님의 구속의 역사와 은혜를 느끼게 해주었다고 고백했다. 그녀는 자신의 삶에서 몇 번의 그릇된 선택을 했음을 인정하고 있다. 모든 사람이 그녀에 대해 수군대며 발길을 끊었던 그때, 주님은 여전히 그녀와 함께 계시면서 자비와 용서의 손길을 내밀고 있으셨음을 그녀는 알게 된 것이다.

기독교인이란 결코 넘어지지 않는 사람들이 아니라 넘어지고 실패해도 그럴 때마다 어디로 향해야 하는지 알고 일어서는 사람들이다. 그런 의미에서 에이미 그랜트의 이 앨범은 그녀의 간증이자 결실의 기록이다. 음반을 들으며 주님께서 함께하셨던 지난 삶을 반추해 보는 것은 어떨까.

예혼을 시작하며

우리는 왜 주일예배에 신앙이 없는 친구를 데리고 나올 때면 긴장하게 될까? 그것은 혹시 그날의 예배 순서나 말씀이 그 친구에게 '안전한 것'일지 '아닐지' 하는 걱정이 들기 때문이다. 예혼의 출발은 여기서부터 시작되었다.

이에 대해 새들백 교회의 릭 워렌 목사는, "첫째는 설교 내용을 예측할 수 없다는 것, 둘째는 예배 자체가 불신자들을 위해 고안되어 있지 않다는 것, 셋째는 예배의 질에 대한 자신감 결여"라고 말한다. 우리 교회의 시스템은 수평이동을 하는 기존 교인들에게는 익숙할지 몰라도 정말 처음으로 교회에 발을 들여놓는 사람들에게는 낯설고 불편하다.

생소한 예배 순서, 모르는 찬송가, 엄숙한 분위기, 쌀쌀한 성도들의 태도에 당황할 때도 있다. 참회의 기도 시간에 '참회'에 대해 공감하지 못하기도 하고, 20분 정도의 짧은 설교에 하나님을 알기도 어렵다. 힘들게 전도해서 데려왔지만, 불편한 감정만 가지고 돌아가는 수가 너무도 많다.

기존 성도들에게도 예배에 대한 목마름이 있다. 주일예배 때 말씀에 충격을 받고 회개의 눈물을 흘린 적이 얼마나 있었는지. 찬양하는 가운데 세상이 줄 수 없는 기쁨을 느꼈던 적은 또 언제였는지. 기도시간에 "이 죄인을 불쌍히 여기소서!"고백하며 진심으로 가슴을 쳤던 순간은 또 언제였는지 기억하는가?

예배가 살아 있기 위해서는 말씀 선포의 회복, 기도의 회복, 찬양의 회복이 모두 있어야 한다. 이중 일반 성도들이 감당할 수 있는 부분 중 하나인 찬양의 회복이 예흔의 비전이다. 예흔은 이 시대의 음악을 통해 하나님을 찬양하는 새로운 길을 알게 하고, 하나님을 경배하게 하기 위해 모인 것이다.

이를 위한 첫 단계로 국내외의 유익한 영상자료를 보여 주면서 세계 각 나라에서 일어나는 부흥의 물결들을 접하고 그들의 고백을 나의 것으로 삼도록 섬길 것이다. 이 영상물들은 특정 종파에 편중되어 있지 않으며 이단 시비가 있는 것은 철저하게 제외한다. 초보자라도 쉽게 알아듣도록 모든 곡과 메시지에 대해 영문과 한글 번역을 제공하고 있다.

1980년대 중반부터 한국 교회에 자리 잡기 시작한 경배와 찬양의 바람은 이제 교회에서 일시적인 현상이 아니라 청장년이 함께 공유하는 중요한 문화 방식이 되었다. 일단 기독교 음악(성가를 제외한)의 분야를 편의상 크게 'CCM'(Christian Contemporary Music, 기독교 대중음악)과 'Praise & Worship'(경배와 찬양)으로 나눌 수 있다. CCM은 기독교적인 사상을 내포한 대중음악이고, 경배와 찬양은 하나님을 찬양함을 주된 목적으로 하는 예배에 적합한 음악으로 생각할 수 있다.

현재 국내에서 불리는 찬양곡들을 보면 약 70퍼센트가 외국곡이다. 이들은 대부분 두란노 경배와 찬양(ANM), 예수전도단의 찬양사역단체를 통해 번역이 되었다. 구성 면에서는 호산나 인테그리티, 빈야드, 마라나타의 곡들이 80퍼센트 정도 차지한다. 최근에는 영국과 호주 등의 찬양도 활발하게 번역되고 있다.

영국 에딘버러 신학부 교수인 데이비드 F. 라이트 교수는 한 대담에서 "교회의 위기 중 하나는 교회가 사람들을 잃어버릴까 봐 세상의 경향을 따라감으로 예배가 마치 오락처럼 바뀔 위험이 있다는 것과, 동시에 정반대의 현상으로 19세기에 갇혀 있는 교회들이 너무나 많은 것"이라고 지적한다.

미국에서 큰 부흥을 일으키는 교회들—새들백 교회, 윌로우크릭 커뮤니티 교회, 브라운스빌 교회 등—을 보면 몇 가지 공통점이 발견된다. 그중 하나는 초신자들 혹은 구도자들을 위한 프로그램에 많은 노력을 하고 있으며 동시에 복음을 희석시키지 않는 데 힘을 썼다는 것이다.

이에 반해 한국 교회는 너무나 오랫동안 예배형식이 바뀌지 않고 있다. 지금의 예배는 교회의 핵심구성원인 나이 드신 분들에게는 편안한 형식이다. 교회가 여기에만 머물 수는 없다. 새로운 세대가 이해할 수 있는 문화와 용어를 통해 복음이 의미하는 바를 확실하게 전달해야 한다.

그 방법의 하나로 젊은이들에게 맞는 음악을 사용하는 것은 매우 중요하다. 그들이 좋아하는 방식으로 하나님을 찬양하는 법을 가르쳐야 한다. 그것은 복음의 타협이 아니라 그들의 삶 속에 복음이 침투해 들어가는 확장의 개념이다. 하나님은 모든 언어, 모든 민족, 모든 열방의 찬양을 받으시기에 합당하신 분이며, 우리는 기름 부음을 받은 곡을 통해 하나님께 나아가고 그분의 마음을 알게 된다.

개인적으로 일상 가운데서 하나님의 말씀을 기억하고 삶을 통한 예배의 의미를 배우는 데 찬양이 엄청난 유익을 끼친다는 것을 체험했다. 다른 성도들에게도 동일한 은혜가 있을 것으로 확신한다.

예흔은 두 가지 방향을 생각하고 있다. 한 가지는 발매된 찬양음반들의 실황을 같이 보며 예배하면서 더욱 깊은 신앙의 체험을 할 수 있도록 돕는 것이고, 다른 하나는 국내에 소개되지 않은 음반과 비디오를 준비함으로 새로운 찬양의 흐름을 모니터링하는 일이다. 이 모든 사역은 청년예배의 한 부분을 돕기 위한 것이다.

예흔이란 이름은 '스티그마', 즉 '예수님의 흔적'에서 따왔다. 단 한 사람만이라도 예흔의 사역을 통해 하나님과의 관계를 회복하고 진정으로 예배하게 된다면 그것으로 우리는 기뻐하고 기뻐할 것이다. 이것이 예흔의 존재 이유이자 섬김의 동력이다.

사랑은 지금 표현하는 것

대학시절, 시험이 끝나면 으레 영화 한 편을 보러 가는 것이 일상이었다. 특히 본과 1학년 때가 기억에 남는다. 월요일마다 치르는 주초고사를 보고 수업이 끝나면 극장을 찾았다. 그 중에서 기억에 남는 영화는 생화학 시험을 망치고 본 〈로렌조오일〉과 지난 주말 우연히 신문기사를 통해 다시 기억하게 된 〈얼라이브〉이다. 두 영화 모두 실화를 바탕으로 했다는 공통점이 있다. 〈얼라이브〉에 대한 신문기사는 이런 내용이었다.

1972년 10월 전세 비행기가 남미 안데스 산맥에 추락했다. 구조대는 72일 만에 현장에 도착했고, 우루과이 대학 럭비선수 16명을 구조했다. 구조대는 그들이 의외로 건강한 것이 의아했다. 궁금증은 이내 풀렸다. 사망한 탑승객의 인육(人肉)을 먹으며 버텼던 것이다. …45명이 탑승했던 전세 비행기는 조종사의 실수로 안데스산맥 해발 3500미터 지점에 추락, 그 충격으로 13명이 즉사했다. 사망자 중에는 선수 외에 선수의 부모와 여동생 등도 있었다. 비행기에 있던 몇 조각의 초콜릿과 포도주로 연명하며 구조를 기다리던 생존자들은 10일째 되던 날, "당국이 구조를 포기했다"는 뉴스를 들었다. 생존자들은 잠시의 절망감을 떨치고, 눈 속에 파묻었던 동료들 시신을 끄집어냈다. 인육을 먹을 수 없다고 버티던 몇 사람이 또 죽었다. 1주일 뒤엔 눈사태로 8명이 숨졌다. 이들 역시 살아남은 동료들의 식량이 됐다.

두 달쯤 지나 일행 중 난도 파라도, 로베르토 카네사 등 2명이 구조를 요청하러 나섰다. 열흘간 눈 속을 헤매던 두 청년은 마침내 한 목장지기를 발견해 구조요청을 했고, 즉각 출동한 헬기가 나머지 동료들을 살려냈다. 12월 22일, 언론은 '크리스마스의 기적'이라고 대대적으로 보도했고, 교황청은 "생존을 위해 인육을 먹은 것은 죄가 되지 않는다."고 선언했다. 이들의 이야기는 지난 1993년 영화 〈얼라이브〉로 제작돼 국내에도 개봉됐다.

당시 살아남은 선수들은 의사, 사업가, TV프로듀서 등이 되었다. 구조를 요청하러 나섰던 카네사는 소아과 전문의가 됐으며, 지난 94년엔 우루과이 대통령 선거에 출마했으나 낙선했다. 영국 로이터통신은 "아무튼 생존자들은 모두 아버지가 됐다"고 전했다.

- 〈조선일보〉 2002년 10월 12일

영화는 두 시간 내내 절박했던 사실을 보여 준다. 〈클리프행어〉의 액션이나 〈타이타닉〉의 로맨스라고는 찾아볼 수 없다. 비행기 사고가 불러올 수 있는 최악의 상황과 그로 인한 절망의 끝을 드러낸다. 하지만 칠흑 같은 어둠 속에 한 줄기 빛을 발견할 수 있다. 그것은 생존자들이 하나가 되어 하나님께 기도하며 서로를 지탱해 주는 모습이었다.

영화에서 가장 감동적인 것은 만년설 가운데 처박힌 비행기 잔해 곁에 모여 저녁마다 미사를 드리는 장면이었다. 사고와 눈사태로 사랑하는 사람들을 잃고, 수색을 포기했다는 당국의 발표에 절망하면서도 하나님에 대한 믿음을 잃지 않고 서로 격려하며 끝까지 신실하게 하나 됨을 지키는 그들의 모습. 그들은 바로 하나의 공동체였다.

내가 속한 공동체에 사람들이 아주 적었을 때가 있었다. 나를 비롯한 소수의 사람들 어깨 위에 집채만 한 일들이 무겁게 지워졌던 시절이었다. 그 힘든 시기를 어떻게 뚫고 나왔는지 가끔씩 자문할 때가 있다. 결론은 한 가지, 공동체에서의 친밀함이었다. 그 사랑의 힘이 힘에 부치는 수고를 마다하지 않고, 무너진 성벽을 막아설 수 있는 힘을 공급해 주었다. 건강한 공동체는 다양한 사역을 분에 넘치게 소화하는 팔방미인들이 많아야 되는 것이 아니다. 공동체 구성원 안에 흐르는 깊은 형제자매의 사귐과 하나님과의 친밀함으로 사역을 감당하는 것이다. 그래야 구성원들의 힘이 소진되지 않는다.

어제 병원 동료의 아내가 건강한 아기를 출산했다. 늦게나마 선물과 꽃을 사들고 밤 11시쯤 일산에 있는 병원으로 찾아갔다. 항상 교회활동으로 바쁘게 사람들을 섬긴다고 한솥밥을 먹는 동료를 돌아보지 않는 것 또한 현실에 뿌리박지 못한 영성이 아닐까 생각해 달려가 본 것이다. 예상치 못한 내 방문에 반가워하는 친구에게 선물과 카드를 건네고 돌아오는 발걸음은 피곤치 않았다.

서로가 얼마나 사랑하는지 보여 주는 데 좋은 방법은 가끔씩 '오버' 하는 것이다. 공동체란 원래, 사랑을 표현하는 데 있어 약간 '오버' 하는 것이 정상이다. 나와 상대방이 얼마나 가까운지 머릿속으로 계산하고 배려할 수준을 결정한다면 예수님은 우리에게 이렇게 말씀하실 것이다.

"세상 사람들도 그 정도는 하느니라."

우리가 깊은 사랑을 가지고 서로에게 "너희가 우리의 사랑하는 자 됨이니라"(살전 2:8) 라고 말할 때, 우리 공동체는 바로 그 공동체로 변화될 것이다. 나 자신이 먼저 그런 삶을 살기를 소망하면서….

시간과 공간의 경계 밖으로 물결이 나를 멀리 실어 낸다 해도,
내가 모래톱을 건넜을 때 나의 선장과 대면할 수 있기를

- A. 테니슨, 「모래톱을 건너서」

4장

영광의 문,
저 너머

———

군대에 가서도 그는 여전히 사람들을 돌봤습니다. 자비를 털어
병사들에게 영화를 보여주기도 하고, 영창에 갇힌 병사들이 좋은
책을 읽고 변화되기를 바라며 많은 책을 기증하기도 했습니다.
그는 늘 책과 음악을 가까이 했습니다. 그가 일하던 병원 곳곳에는
짧은 틈에도 읽던 책들이 펼쳐져 있었고, 잔잔한 클래식과 찬송가가
들렸습니다. 그는 예수님을 믿는 사람들은 영성뿐만 아니라 지성도
갖춰야 균형 잡힌 신앙인이 된다고 믿었습니다. 그는 새로 나온
기독교음악과 클래식 음반을 소개하고 책의 서평까지 써낼 정도로
전문가가 되었습니다.
그 청년의 어린 시절부터 친구였던 사람은 이렇게 말했습니다.
"수현이가 어릴 때는 장난도 잘 치고 평범한 우리들처럼 여학생
얘기도 많이 하면서 놀았었는데, 어느 순간 인격과 신앙이 훌쩍
자라있더군요."
그의 독서와 사색의 힘이었습니다.
그는 참 좋은 상담가였습니다. 어떤 문제가 있든 그는 가장 좋은 길을
제시할 줄 알았습니다. 그가 읽던 책들은 그의 손을 떠나 인생의
해답을 구하던 다른 사람들의 길잡이가 되었습니다. 그가 선물한
책과 음악으로 인생의 두 번째 기회를 잡은 사람들은 또 다른 그가
되어 자신의 삶을 나누게 되었습니다.

영광의 문을 통과한 '내' 친구

박달우

    교회 기도원 방송실에서는 정신을 바짝 차려야 한다. 혼자서 녹음도 하고, 녹화도 뜨고, 영상도 송출하고, 자막도 넘겨야 한다. 어느 땐 목사님이 설교 도중 갑자기 찬송을 바꿔 부르실 때도 있고, 다른 성경구절을 인용하실 때도 있다. 그때마다 재빨리 가사를 화면에 올려야 하고, 순발력 있게 성경구절을 찾아야 한다. 잘못하면 예배의 흐름이 끊길 수가 있다. 하루 다섯 번, 연중무휴인 열기 가득한 기도원 예배 시간에는 영상실 엔지니어로 잔뼈가 굵은 나도 마음을 놓고 있을 수가 없다.

    하지만 예혼 예배 때는 달랐다. 영상실에 혼자 앉아 은혜로운 찬양을 들으며 따라 부르기도 하고, 신이 나서 춤을 추기도 했다. 내 외모를 보면 믿을 수 없겠지만, 나는 오랫동안 찬양팀 율동리더였다. 론 케놀리 목사님이 땀을 흘리며 열정으로 경배하는 걸 보면서 영상 속으로 빨려 들어갈 때도 있었다. 어느 땐 영상이 다 끝났는데도 은혜 속에 잠겨 있다가 관객석의 불을 켜지 않을 때도 있었다. "달우야, 불안 켜냐?"하는 수현이의 지적에 미안해했던 적도 여러 번 있었다.

우리 아버지는 시골교회 목사님이셨다. 나는 기어 다닐 때부터 마이크와 앰프를 가지고 놀았다. 고등학교 때부터는 앰프와 음향설비 일을 했다. 군대를 제대하고 영락교회 기도원 음향실에 취직을 했다. 나는 수현이를 그곳에서 만났다. 수현이는 예혼 모임을 준비하면서 방송기계를 다룰 수 있는 사람이 필요하다고 했다. 수현이의 첫인상은 과묵하고, 듬직하고, 잘생기지는 않았지만 깔끔했다.

놀라우신 하나님의 인도하심으로 1998년 7월, 나는 영락교회 소강당 음향담당자로 옮겨 왔다. 본격적으로 수현이의 일을 돕게 된 것이다. 나와 수현이는 친구가 되었다.

그해 추수감사절, 영락교회 베다니홀에서 돈 모엔의 〈God with Us〉로 첫 예혼 예배를 시작했다. 시설은 열악했다. 이동용 빔프로젝터를 가져다가 쐈는데, 자막처리 기술이 없었다. 강대상 밑에 자매 한 명이 쭈그리고 앉아서 화면에 맞춰 자막이 적힌 OHP 필름을 갈아줬다.

외국에서 들여온 영어찬양예배 DVD를 틀고 예배를 드린다는 것이 생소한 탓인지, 모이는 사람은 많지 않았다. 스태프들 빼고 다섯 명 정도의 관객이 들어왔다. 어느 땐 두세 명, 어느 땐 단 한 명의 청중을 놓고 예배를 드렸다. 그러나 예혼 예배는 한 번도 펑크를 낸 적이 없다. 어떤 어려움이 있어도 한 달에 한 번 예배는 계속되었다. 하나님과의 약속이었기 때문에 수현이는 몸이 부서지는 한이 있어도 약속을 어기지 않았다.

내가 CD를 너무 늦게 보내는 바람에 예혼 예배 일정에 차질을 줄 뻔한 적이 있었다. 수현이가 나에게 화를 냈다.

"아무리 네가 나를 도와주는 입장이지만, 예배에 지장을 주면 절대로 안 돼."

맞는 말이었다. 나는 그 질책을 감사하게 받아들였다. 미안하다고 사과를 했다.

"그럼 됐다."

수현이도 금방 웃었다. 그는 착했지만 일에 대해서는 맺고 끊는 게 확실했고 한 번 계획을 세우면 물러서는 일이 없었다.

어느덧 마음에 감동을 받은 청년들이 한두 명씩 늘어났다. 영어 가사를 번역하고, 스크립트를 만들고, 영상에 자막을 넣고, 음반의 역사와 리더 및 싱어를 소개하는 글을 쓰고, 안내지를 디자인하는 사람들까지 꼭 필요한 곳에 꼭 맞는 달란트를 지닌 사람들이 스태프로 들어왔다.

예혼 예배는 준비하는 사람들이 더 은혜를 받았다. 수없이 찬양비디오를 보고 듣고 가사를 분석하며 작업을 하는 가운데 그 내용이 마음에 깊이 새겨졌기 때문이었다. 자막을 넘기면서 찬양을 하는 수현이의 환한 얼굴, 그렇게 행복하게 웃던 수현이의 모습은 어디서도 볼 수 없었다.

나는 잠시 일을 접고 중국에 단기 선교사로 나갔다. 수현이는 나에게, 에콰도르 선교사로 나갔으나 그 부족들에게 죽임을 당한 다섯 순교자들의 이야기 『영광의 문』 책과 DVD 〈영광의 문 너머〉를 선물해 주었다. 여러 번 보고 또 본 그 비디오가 나를 중국으로 가게 했는지도 모른다.

중국에서는 아찔한 일이 있었다. 지하교회에 강연하러 오신 목사님을 모시고 잠깐 관광을 나갔다가 공안에게 붙들렸다. 배를 타고 가다가 북한쪽 압록강변을 찍었는데 누군가 고발을 한 모양이었다. 순간적으로 나는 내가 갖고 있던 테이프 하나를 한국에서 오신 목사님 양복 주머니에 넣었다. 지하교회와 강연하는 목사님 모습이 담긴 중요한 테이프였다. 공안들은 내 캠코더 안에 들어 있는 테이프는 압수했지만, 목사님 주머니에 든 테이프는 발견하지 못했다. 하룻밤 유치장에 갇혔고, 벌금으로 70만 원을 물었지만, 지하교회와 선교사들의 추방은 면할 수 있었다. 하나님의 은혜였다.

수현이의 소식은 중국에서 들었다. 수현이가 갑자기 하늘나라로 갔다는 메일을 봤다. 도저히 믿을 수가 없었다. 모니터를 붙들고 울고 또 울었다. 아무리 울어도 그 슬픈 메일은 지워지지를 않았다. 수현이는 내게 몇 안 되는 정말 소중한 친구였다.

수현이가 천국에 간 지 두 달 후 우리 아버지마저 돌아가셨다. 67세. 돌아가시리라고는 생각지도 못했기에 슬픔이 두 배가 되었다.

우리 아버지는 태권도를 하시고 조금 거칠게 사신 분이다. 다행히 엄마를 만나 30대 중반에 교회에 출석하시다가 신학까지 공부해 목사가 되셨다. 예수님 믿고 성격이 많이 누그러지셨지만, 아버지는 우리 4형제에게 매우 엄하게 대하셨다. 중국에서 돌아와 얼마 되지도 않았고, 다정하게 말도 나누지 못했는데 아버지께서 돌아가신 것이다. 생각지도 못했던 아버지와 친구의 죽음 앞에서 나는 힘이 빠져 버리고 말았다. 일이 손에 잡히지 않았다. 집 밖으로 나갈 수가 없었다. 길을 잃어버린 것 같았다.

아버지께서 돌아가시고 나자 더 이상 목사 사모도 아니고, 그렇다고 권사님도 집사님도 아니다 보니 어머니 역시 방황하셨다. 그러나 곧 일어나셨다. 예순이 넘으셨지만 요양보호사 자격증을 따서 일을 시작하셨다. 어머니는 10분만 같이 있어도 친구가 되는 좋은 성품과 남을 잘 돕는 은사가 있으시다. 늙으신 어머니가 일을 하러 나가시는데, 멀쩡한 자식이 놀고 있을 수는 없었다.

수현이가 살아 있었을 때였다. 등촌동을 가야 하는데 서울 길이 낯선 나는 엉뚱하게 둔촌동에서 헤맸다. 그럴 땐 수현이에게 전화를 하는 것이 확실했다. 수현이 별명이 인간내비게이션이었다. 빠른 길, 막힐 때 돌아가는 길, 그 시간대에 제일 한가한 길까지 모르는 길이 없었다. 이젠 천국 가는 길까지 다 알게 되었을 내 친구. 나는 수현이 대신 하나님께 내가 가야 할 길을 물었다.

하나님은 역시 내 길을 예비해 주셨다. 신학교를 졸업하고 금식기도원에 취직한 친구에게 연락이 왔다. 방송실 주말 근무자가 그만두는데 와서 일할 수 있겠냐고. 나는 다시 기도원에 취직이 되었다.

내게는 한 가지 꿈이 남아 있다. 은퇴하신 목사님이나 선교사님들 가운데 갈 곳 없으신 분들을 위한 쉼터를 만드는 것이다. 평생 주를 위해 헌신했으나 이 땅에서는 대접받지 못한 그분들을 섬기는 것, 내 마지막 선교지는 그곳이 될 것 같다.

닥터 홀의 조선회상

일 년에 한 번 정도는 꼭 찾아가는 곳이 있다. 바로 '양화진'(楊花津)이다.

지하철 2호선을 타고 합정역에서 내리면 가톨릭의 절두산 순교지 맞은편에 위치하고 있는 외국인 묘지가 있다. 거기에는 그들의 젊음과 생명을 대한민국에 바쳤던 외국인 선교사들이 주님의 재림을 기다리며 잠들어 있다. 로제타 홀, 에비슨, 헤론, 아펜젤러…. 그동안 여러 번 찾았던 곳이지만, 갈 때마다 다시 한 번 주의 깊게 비문에 쓰인 그들의 발자취를 읽어 보며 생각에 잠기곤 한다.

당시 중국이나 일본보다 훨씬 보수적이고 복음 전파에 부적합한 곳으로 여겨졌던 조선이라는 나라. 너무나 미개했던 동양의 작디작은 나라를 위해 부모와 자식까지 목숨을 바칠 수 있었을까? 그들은 그들의 피 뿌림의 헌신이 이토록 큰 열매를 맺을 것을 생각이나 했을까? 양화진의 선교사들은 하나같이 나에게, 그리고 우리에게 이야기하고 있다. 씨가 땅에 떨어져도 죽지 않으면 열매를 맺을 수 없다고.

선교사들의 묘소 가운데 내가 제일 먼저 들르는 곳은 정해져 있다. 바로 닥터 홀 일가의 묘소다. 닥터 로제타 홀은 1890년 한국으로 파

송되어 온 여성 의료선교사다. 그녀는 자신의 피부를 떼어 화상을 입은 젊은 조선 여성에게 이식을 해 줄 정도로 헌신적인 의사였다. 같은 의료 선교사인 남편 윌리엄 제임스 홀은 평양 선교의 개척자였다. 그러나 청일전쟁으로 부상당한 조선 군인들을 치료하는 와중에 격무와 발진티푸스 감염으로 순교했다. 34세, 결혼한 지 2년 반 만의 일이었다. 남편과 사별한 로제타 홀은 잠시 자기 나라로 돌아갔지만 2년 뒤 다시 우리나라로 돌아온다. 이후 40년간 한국인들을 위한 삶을 이어간다. 그녀가 세운 병원과 의학강습소는 현재 이대 동대문병원과 고대 의대가 되었다.

조선 땅에서 최초로 태어난 서양 아기였던 그녀의 아들 닥터 셔우드 홀과 며느리 닥터 메리안 홀 역시 이 땅에서 의료 선교사로 헌신했다. 닥터 셔우드 홀은 우리나라 최초로 결핵전문병원과 결핵요양소를 세웠다. 결핵퇴치자금을 마련하기 위해 처음으로 크리스마스실을 발행하기도 했다. 결핵 환자들을 위한 기금 조성과 홍보를 위해 덴마크에서 시작되어 미국으로 전파된 이 실(seal)운동을 결핵이 창궐하고 있는 일제하 조선에 도입하기란 쉽지 않았다. 당시 조선의 결핵 사망률은 세계에서 가장 높았지만, 크리스마스실이 서구적이고 생소하다는 이유로 모두 난색을 표했다. 하지만 셔우드 홀은 "나는 실의 도안이 반드시 조선의 민중들에게 열성과 가능성을 부채질할 수 있는 그림이어야 한다고 생각한다."며 이 일을 추진했다. 1932년, 일본 사람들까지 설득해 결국 남대문 그림이 도안된 첫 크리스마스실을 발매했다. 이 땅의 결핵 퇴치를 위한 야심찬 대국민 결핵홍보 프로젝트의 시발점이었다.

양화진 홀 일가 묘소에는 로제타 홀 부부, 셔우드 홀 부부, 그리고 셔우드의 여동생까지 다섯 명이 묻혀 있다. 2대에 걸쳐 의료선교의 소임을 감당하며 걸어왔던 족적이 새겨져 있는 비문을 통해 그들의 의미 있는 삶을 반추해 보곤 한다. 홀 일가의 묘비에 쓰인 성경구절을 보았을 때 나는 저절로 고개가 숙여질 수밖에 없었다.

"Whether we live or die, we are the Lord's."

그렇다. "살든지 죽든지 우리는 주의 것"이라는 고백은 보통 사람이 쉽게 할 수 있는 것이 아니다. 그러나 홀 일가의 삶의 발자취를 더듬어 보면 이 말씀이야말로 그분들의 생애를 가장 잘 대변해 주는 말이 아닐까 하는 생각이 든다. 그들의 사역을 한눈에 볼 수 있는 책, 『닥터 홀의 조선회상』은 꼭 한 번 읽어 보기를 권한다.

그 사랑의 기억을 힘입어

학회 발표 준비의 막바지였다. 추슬러야 할 데이터는 머릿속에 가득한데, 쏟아져 나올 질문에 대한 답변을 준비하기엔 시간이 너무 촉박했다. 정말 어디론가 도망가고 싶었다. 그러나 그런 회피의 욕구를 억누를 수 있었던 것은 일 년 전 어느 날의 기억 때문이었다.

그때도 많은 동료들과 교수님 앞에서 발표를 하는 날이었다. 한 시간 반 전까지도 리허설은 고사하고 발표할 내용조차 도무지 잡히질 않았다. 마지막으로 이를 악물고 집중해서 겨우 준비를 마치고 강단에 섰다. 지금 생각해 봐도 참으로 능숙하게 발표를 마칠 수 있었다. 그날 다른 기억들은 가볍게 털어 버렸지만, 부족한 자의 입술과 지혜를 주신 하나님에 대한 기억은 영구 저장해 두었다. 그 기억의 힘은 이번에도 주님에 대한 기대와 신뢰를 잃지 않게 해주었다.

하나님의 백성의 역사에 끊임없이 울려 퍼지는 주제 또한 '기억하라'다. 가나안 땅에 들어서기 전 모세가 당부했던 바도, 무너져 가는 이스라엘을 향한 선지자들의 일관된 외침도 모두 다시 기억함으로 회복하자는 것이었다. 하나님을 의지하고 담대히 담을 뛰어넘을 수 있는 것도, 열정을 되살리는 것도, 그 행하신 일과 언약의 말씀을 기억함으로 가능한 것이다.

  길지 않은 생을 살았지만, 나의 머릿속으로 많은 사람들이 스쳐 갔다. 그들의 존재는 크든 작든 내 존재에 여러 영향을 끼쳤고 현재의 나를 형성했다. 두고두고 고마움으로 기억될 만남들의 유익은 말로 다 설명할 수 없을 정도다. 그중에서도 아무 조건도 없이 '끝까지 나를 사랑하시는'(요 13:1) 주님과의 사귐의 기억은 가장 강력한 것이다.

  우리 문화에는 우리가 안전을 위해 믿고 있는 세 가지 신(神)이 있다고 한다. 소유, 권력, 인간관계다. 정도의 차이는 있겠지만 사람들은 모두 이 거짓 신들을 숭배하고 있다. 그동안 참 많이도 속아 왔고, 거짓인 줄 알면서도 이들을 외면하지 못하는 것은 우리가 그동안 신앙과 삶의 통합에 소홀해 온 탓이다. 우리를 택하시고 인도하시고 기다리시는 하나님, 그 사랑의 음성을 기억하게 된 이들이 이제 일어나 힘써야 할 일은 무엇일까?

친구가 풀어주는 신앙문제

서점의 기독교 코너에 들렀더니 필립 얀시와 헨리 나우웬 그리고 폴 투르니에의 책들을 따로 모아 진열하고 있었다. 요새 이 저자들의 책은 적어도 기독교 매장에서는 잘 나가고 있다. 독자의 정서에 그다지 영합할 것 같지 않은 이 작가들이 사람들의 택함을 받는 이유는 무엇일까?

필립 얀시가 본격적으로 주의를 끌기 시작한 것은 1999년 『놀라운 하나님의 은혜』가 번역되면서부터다. 그는 신학을 전공했지만 많은 회의에 빠졌던 사람이다. 그리고 지금은 목회자가 아닌 작가의 길을 걷고 있다. 그는 자신의 책 여러 곳에서 자기가 가졌던 신앙적 회의와 하나님에 대한 의심, 한때 껍데기뿐이었던 신앙을 솔직하게 이야기한다. 한편으로는 성경말씀을 토대로 신학적인 접근을 시도하고, 다른 한편으로는 폭넓은 자료를 바탕으로 다양한 사람들의 의견을 소화해 낸다. 이것이 다른 신앙서적과 그의 책의 차이점이자 장점이다. 안 풀리는 수학 문제를 선생님보다 옆 친구가 풀어주는 게 더 잘 이해되었던 것처럼, 필립 얀시는 우리가 궁금해 하는 수준 낮은 질문을 우리의 눈높이에서 설명해 주고 있다.

마치 에릭 시걸이 소설 『닥터스』를 쓰기 위해 종합병원에서 의사들과 함께 생활했던 것처럼, 그도 전업 작가답게 책의 주제를 잡고 나면 신빙성 있는 글을 쓰기 위해 방대한 자료를 수집하고 사람들을 인터뷰하는 등 철저한 준비를 한다. 일반 목회자들의 책들이 문제에 대한 원칙적이고 신학적인 일방향의 시각을 제공해 주는데 반해, 필립 얀시의 책은 일반 독자들과 사목자들의 중간 입장에 서서 이 문제를 바라볼 수 있는 다양한 문화적 · 역사적 · 신학적 시각을 제공한다. 이것이 그의 책의 두 번째 장점이다. 필립 얀시의 책이 정답을 말해 주는 것은 아니다. 하지만 그가 사용하는 다양한 변주는 많은 것을 생각하게 하며, 독자가 답을 발견하도록 돕는다. 혹 그를 좋아하지 않는 사람이라도 그가 사용한 여러 인용구나 예화에 한두 번씩은 고개를 끄덕였으리라.

『내가 고통당할 때 하나님 어디 계십니까?』는 의사이자 인도 선교사인 폴 브랜드 박사의 도움을 받아 육체적인 고통으로 신음하며 회의에 빠진 사람들을 위해 썼고, 『하나님, 당신께 실망했습니다』는 하나님의 침묵으로 인해 믿음을 잃어 가는 이들을 대상으로 썼다. 욥기는 나중에 성경 일부를 주관적으로 서술한 『하나님, 나는 당신께 누구입니까?』에서 다루고 있다. 『교회, 나의 고민 나의 사랑』에서 필립 얀시는 자신이 출석하는 교회에서 경험했던 일들을 토대로 교회에 대한 몇 가지 단상들을 나누며 이런 결론을 내린다.

"작곡가가 구상한 음에는 도달하지 못하겠지만, 불완전한 그 음악이나마 들려줄 사람들은 우리밖에 없다."

예수의 일생을 새롭게 조명한 『내가 알지 못했던 예수』로 화제를 모은 그는 다시 『놀라운 하나님의 은혜』로 은혜에 대한 탁월한 글을 남겼다.

"은혜란 값비싼 것이며, 사람을 변화시키는 힘이 있다. 그것은 회개를 통해 하나님께 받아야 하는 것이며, 말이 아닌 용서라는 믿음의 행위를 통해 다른 이들에게 전염된다."

이 책이 많은 이들의 주목을 받음으로써 우리나라 기독교인들이 얼마나 율법에 찌들어 있으며 은혜의 복음이 얼마나 필요한지를 반증해 준 것 같다.

필립 얀시는 그의 책 『교회, 나의 고민 나의 사랑』 한국어판 서문에서 이렇게 밝히고 있다.

나는 고통의 문제, 하나님께 대한 실망 같은 신앙 주변부의 주제들로 나의 저술 작업을 시작했다. 그러나 최근에는 예수, 은혜, 구약, 교회에 대한 책들을 통해 좀 더 중심 문제에 다가가고 있다.

이 말이 필립 얀시의 그동안의 저술의 여정을 한 문장으로 잘 요약해 주고 있다. 그의 앞으로의 저서는 어떤 주제일지 기대하면서 기다려 본다.

나를 책망할 수 있는 친구

한 친구가 내게 충격적인 조언을 해주었을 때가 잊히지 않는다. 벌거벗겨진 추한 내 모습이 드러났던 순간에는 그 조언을 받아들일 수가 없었다. 나는 나를 변호할 충분한 답변도 가지고 있다고 믿었다. 그러나 시간이 흐르면서 내 잘못이 드러났고, 그 친구의 일갈이 진실이었음을 인정하게 되었다. 지금은 그 친구가 내가 가장 아끼는 친구다. 내 허물을 정직하게 내게 말할 수 있었던 사람은 그 친구밖에 없기 때문이다. 어떤 친구가 가장 가까운 친구인가? 내 기준은 '나를 책망할 수 있는 친구'다.

성경말씀을 읽으면서 그와 같은 체험을 한다. 나의 어쩔 수 없었다는 핑계에 대해 하나님은 "아니다."라고 단호히 말씀하시며 그의 의를 추구할 것을 요구하신다. 나의 본성은 날마다 주님께 저항하지만, 진리의 말씀 앞에 결국 무릎을 꿇게 된다. 이와 같이 귀에 거슬리는 말씀이 우리를 새롭게 빚어 가며, 성숙하게 만든다. 나는 그런 껄끄러운 말을 해주는 믿음의 선배이자 의사인 한 사람을 소개하고 싶다. 바로 존 화이트이다.

존 화이트의 『탁월한 지도력』은 어느새 리더에게 권하는 필독서가 되어 버린 책이다. 이 책은 "리더란 무엇인가"라는 주제에 대해 느헤미야라는 인물 자체와 그의 삶에서 리더로서의 모습을 짚어가는 연역적 방식을 취하고 있다. 각 장마다 리더로서 부딪치는 여러 상황들을 만나게 되고, 느헤미야의 방법으로 해결의 실마리를 찾아볼 수 있다.

느헤미야는 사로잡힘을 면하고 남아있는 동족과 고향의 비참한 실상을 전해 듣고 수일을 슬퍼하다가 하나님 앞에 엎드려 간구한다. 그는 입에 발린 찬양이 아닌 그의 의식 깊은 곳에 자리 잡고 있는 '하나님이 어떤 분이신지를 고백하는 것'으로 기도를 시작한다.

> 하늘의 하나님 여호와 크고 두려우신 하나님이여 주를 사랑하고 주의 계명을 지키는 자에게 언약을 지키시며 긍휼을 베푸시는 주여 간구하나이다(느 1:5)

느헤미야의 기도는 나의 기도의 시작을 바꾸어 놓았다.

매번 여름방학이나 겨울방학이 되면 우리는 교회 봉사, 수련회, 그 밖의 크고 작은 일들로 지쳐간다. 이럴 때 귀에 솔깃한 말을 듣는다.

"교회 일보다 중요한 건 하나님과 나의 관계다."

진정 맞는 말이다. 하지만 이 말이 우리가 마땅히 해야 할 봉사마저 하지 않는 것에 대한 좋은 구실이 되어 버릴 때 문제가 발생한다. 일과 하나님과의 관계 사이에서 갈팡질팡하는 우리에게 느헤미야는 도전을 준다. "기도와 일은 같이 가는 것"이라고.

정신과 의사인 저자는 학창시절 영국기독학생회(IFES) 대표로 섬겼던 경력이 있다. 그는 말한다.

"그들을 섬기고 싶어서 나는 그들의 지도자가 되었다."

나는 그의 말을 듣고 한 달 정도 충격에 휩싸인 적이 있다. 대체 나는 어떤 생각으로 리더를 하고 있는가 하는 자책이 들었다. 비수처럼 나의 가장 약한 곳을 찌르던 그의 글을 지금도 잊지 못한다.

『금송아지 예배자』는 쉽지 않은 주제, '돈'을 다루고 있다. 대부분의 책들이 세상 재물에 대한 그리스도인들의 자세를 다루고 있는데 비해 저자는 교회 내의 물질주의에 대해 언급한다.

책의 서두는 예수님께서 예루살렘 성전에서 분노하시며 장사치의 상을 뒤엎으시고 내어 쫓으신 복음서의 장면으로 시작한다. 성전에서 떠드는 어린아이들의 소리에는 민감하면서도 어느새 성전 내에서 당연한 것으로 자리 잡은 상업주의에는 눈이 어두웠던 그들의 모습을 현대 교회에서는 과연 볼 수 없는 걸까? 책을 시작하는 나의 첫 발걸음이 가벼울 수는 없었다.

존 화이트는 물질의 주인으로서가 아니라 종의 모습을 넘어서지 못하는 우리의 약한 믿음을 지적하며 물질적 풍요가 가져오는 영적 열심의 냉각화를 이렇게 경고한다.

"우리는 소수인종이나 무식자 및 실패한 사람들을 무의식중에 따돌리고,

오직 '건전한 부류'의 그리스도인들과만 교제하기를 원하는 영적 속물이 될 수 있다."

이 문장은 나를 몹시 좌절하게 하며 회개하게 만들었다. 나 자신조차도 잘 몰랐던 교회에서의 우리의 치부를 그가 그대로 지적한 것이다.

이 책에서 그가 또 한 가지 짚어낸 곳은 굉장히 민감한 부분이다. 교회 혹은 선교단체의 재정조달과 사용에서 물질주의에 오염된 부분을 다루고자 한 것이다. 반발심을 가지고 읽을 수 있으므로 책을 읽을 때 자신에 대해 많이 솔직해야 했다. 선교사를 위해 기도 한번 제대로 하지 않으면서 매달 부치는 선교헌금으로 만족했던 나의 모습, 헌금을 걷는데 여타 사회단체와 다를 바가 없는 듯한 많은 기독교기관들.

저자는 기독교출판사 대표에게 "당신의 마음에 맨 먼저 떠오르는 것은 교회의 필요인가, 아니면 잠재적 베스트셀러인가?"를 묻고, 설교자에게는 "설교자의 술책을 끝내고 이만 내게 돌아오라"라고 말한다. 저자는 신경이 너무 예민한 것일까? 과연 그럴까?

『믿음의 싸움』(이후 『믿음이 이긴다』로 제목이 바뀌어 출간되었다)은 존 화이트의 저서로서는 제일 먼저 우리에게 소개된 책이다. 하루에 기도를 두 시간씩 하겠노라고 작정했다가 3일 만에 실패한 경험, 병리학 시험공부를 하며 자신을 짓눌렀던 압박감을 벗어났던 경험 등 그가 직접 겪었던 일들을 미화하지 않고 그대로 쓴 것이 오히려 우리에게 가깝게 다가온다. 또한 일주일에 한 번 진지한 성경공부를 위해 세 시간을 따로 떼어 두라, 하루에 20분 이상씩은 기도하는 시간을 확보하라 등등 매우 구체적인 신앙생활의 지침들을 제시해 준다. 일종의 도전이다.

책을 읽으면서 내게 주어진 상황은 변하지 않아도 내가 그 상황을 대하는 눈이 달라지고 있음을 알았다. 믿음의 싸움은 더 이상 힘들기만 한 것이 아니었다.

각 장의 마무리에는 읽어야 할 말씀과 생각해 볼 문제가 나와 있어 소그룹 단위로 책을 읽고 토론하기에 좋다. 책을 다 읽고 나자 책 제목이 정말 잘 어울린다는 생각이 들었다. 벗들이 꼭 한 번은 읽고 넘어갈 책이 되었으면 한다.

"그가 당신을 그에게로 인도하시는 것은 당신의 어떤 탁월한 재능 때문이 아니라, 당신과 함께 기쁨을 나누시려는 이유 때문이다. 그에게, 당신이 가진 빵과 고기를 드려라. 주님께서 그것을 자유롭게 활용하실 수 있도록 그것을 그에게 바치라. 이적이 나타나지 않을지도 모른다. 그러나 예수님은 기뻐하실 것이며, 당신은 기쁨을 맛보기 시작할 것이다."

영광의 문, 저 너머

1956년, 휘튼 칼리지 출신의 젊은 선교사 다섯 명이 에콰도르 정글 속 원시부족 아우카 인디언들에게 복음을 전하려다가 팜비치 부근에서 모두 죽임을 당했다. 사랑하는 처자식을 둔 이들 선교사들은 무슨 거창한 일을 찾고 있었던 것이 아니었다. 단지 수백 년 동안 고립되어 살아온 아우카 부족에게 전도를 하려던 것뿐이었다. 이 비극은 풍요와 번영 앞에서 잠자고 있던 북미 그리스도인들의 영혼을 깨운 충격적인 사건이었다. 하나님을 방패와 방벽으로 믿었던, 주님을 그토록 순진하게 사랑했던 그들이 왜 창에 찔려 죽도록 방치되어야만 했을까?

이들의 발자취를 기록한 엘리자베스 엘리엇은 순교자 짐 엘리엇의 아내다. 그녀는 "우리에게 그것은 최종적으로 답해질 수 없는 것이었다."라고 술회한 바 있다. 일반 세상이 보기에 이것은 다섯 명의 젊은 생애의 허망한 낭비였다.

그러나 하나님은 범사에 뜻과 계획이 있으시다. 이 일로 인해 인생이 달라진 수많은 사람들이 있다는 것이 그 증거다. 한동대 10년사를 풀어낸 『갈대상자』와, 거창고등학교의 역사를 엮은 『거창고등학교 이야기』에도 이들의 순교가 언급되어 있다. 수많은 책과 간증에서 하나님은 이 비극을 새로운 역사의 시작으로 사용하고 계심을 우리는 보고 있다. 그 비극의 순간으로부터 반세기가 지난 후, 한 CCM 가수는 자신이 가진 달란트로 다섯 선교사들이 핏값을 치르고 일궈 낸 열매들을 세상에 드러냈다.

스티븐 커티스 채프먼은 그의 음악만큼이나 분명한 복음의 메시지와 본이 되는 생활로 많은 이들의 귀감이 되는 사람이다. 2001년, 스티븐은 다섯 선교사의 순교를 기록한 엘리자베스 엘리엇의 책 『영광의 문』을 읽고 깊은 감동을 받았다. 그는 우연히 순교한 다섯 선교사 중 한 명인 네이트 세인트의 아들 스티브 세인트와 메일을 주고받게 된다. 그에게 그를 통해 회심한 아우카 원주민 민카이를 소개받는다. 민카이는 선교사들을 죽였던 사람들 중 한 명이지만, 이제는 그리스도인이 되어 와오리니 교회의 신실한 장로가 되었다.

아우카 족은 이해할 수 없었다. 과거 외지인들이 그들에게 자행했던 무자비함을 떠올리며 선교사들을 살해했지만, 선교사들은 공격을 받고도 도망치지도 않고, 심지어 총을 가지고도 방어하지 않은 채 죽음을 맞이했다. 아우카 족을 죽이느니 죽기를 택한 선교사들의 이해할 수 없는 태도는 원시부족인들의 의식을 괴롭혔다. 마침내 아우카 족은 남편의 죽음에도 불구하고 근처 마을에 머물며 동족 여인들을 돌보고 있던 짐 엘리엇의 아내 엘리자베스 엘리엇과 스티브 세인트의 누이 레이첼 세인트를 초대했다. 이들은 아우카 족들과 함께 살면서 복음을 전하고 성경을 번역했다. 그 결과 아우카 족은 모두 하나님을 믿게 되었다. 이제 그들은 더 이상 스스로를 '야만인'을 뜻하는 '아우카'가 아닌 '와오라니'라고 부른다.

스티븐은 2001년 9월, 〈Declaration〉이라는 새 앨범을 발표했다. 이 앨범에는 책을 통해 받은 영감으로 쓴 곡들이 여럿 들어 있다. "No greater love"에서는 기꺼이 목숨을 버린 다섯 선교사들의 사랑을 노래하고 있으며, 이들을 창으로 찔러 죽였던 원주민 민카이의 찬양이 이어진다. 배경을 알고 듣는 민카이의 노래는 내용은 이해할 수 없어도 가슴을 뭉클하게 한다.

하나님의 놀라운 이야기는 스티븐의 전미 순회공연으로 이어졌다. 이제는 할아버지가 된 민카이와 네이트 세인트가 이 공연에 동행하면서 복음의 놀라운 비밀을 청중들에게 들려주었다. 살인자였던 민카이와 그를 용서한 선교사의 아들이 함께 들려주는 고백은 CCM 공연이 아닌 '선교한국대회'의 한 장면을 보는 것 같은 착각을 불러일으킨다.

위클리프성경번역선교회와 함께한 이 투어에서는 에콰도르의 정글을 포함한 58개 도시에서 20만 명의 청중을 동원했고, 스티븐은 이 중 7만 불의 공연수익을 와오라니 족을 위해 기부했다.

50년 전, 에콰도르의 구름 뒤로 그 얼굴을 숨기신 하나님의 깊은 경륜이 지금 이 시대에 어떻게 드러나고 있는지 그 뜨거운 메시지의 현장을 우리는 한 순교자의 부인과 한 CCM 가수의 헌신을 통해 한눈에 보고 들을 수 있다. 이 얼마나 큰 축복인가.

"우리가 의지할 수 있는 것은 우리 영성의 수준이 아니라 하나님 한 분뿐이다. 사역도 하나님의 것이요, 소명도 하나님의 것인 까닭이다."

- 엘리자베스 엘리엇, 『영광의 문』

두 번째 인생의 문을 열며

양원섭(가명)

두 시간이 걸렸다. 내 숙소에서 고대 안암병원까지는 평소 15분만 걸으면 되는 거리였다. 가다 서고 가다 주저앉고. 갑자기 몸무게가 20킬로그램이 빠졌다. 그날 의사는 내게 앞으로 3개월 정도 살 수 있을 거라고 했다.

집으로 돌아오는 길에 문방구에 들러 커터들을 사 모았다. 죽을 생각이었다. 수현 형에게 글을 썼다.

"형, 오늘 내 삶을 지탱하는 모든 것들이 무너져 내렸어요.

커터를 샀어요. 내 몸의 바이러스와 같이 죽을까 하고.

유서도 썼어요. 무섭고 두려워요.

자살하면 천국에 갈 수 없다잖아요.

그렇다고 살자니 더 막막해요.

오늘은 하루 종일 울고 또 우네요."

입원하던 날, 뇌척수액 검사를 하고 열이 40도를 오르내렸다. 수현 형이 노란 꽃을 들고 병실로 찾아왔다. 내가 노란 꽃을 좋아한다는 것을 어떻게 알았을까? 형은 아무 말 없이 브라이언 덕슨의 "Your faithfulness"를 들려주었다.

"이 가사에 담긴 고백을 따라해 봐."

내 눈에 잘나가기만 할 것 같은 형도 힘들고 좌절할 때가 있는 것일까?

오늘은 무슨 일이 있을지 알 수 없네

실망스러운 일만 터질지

내가 바라던 일들로 가득할지

내일은 또 어떨지 알 수 없지만

여전히 난 주의 신실하심을 의지하네

여전히 암담했다. 내게 무슨 좋은 일이 있을 것인가. 고등학교 2학년 때 예수님을 영접했지만, 나는 늘 충동적으로 살았다. 위선적이고, 함부로 사는 길을 택했다. 하지만 이번만큼은 하나님의 신실하심을 선택하기로 했다. 형은 조용히 병원비를 내주었다. 수현 형은 내게 선배이자 아버지처럼 나를 돌봐주었다.

중학교 3학년 때, 엄마 심부름으로 레코드점에 갔다. 엄마는 내게 아바의 베스트앨범을 사오라고 하셨다. 그날 나는 재킷이 유난히 예쁜 CD 하나를 발견하고 내 몫으로 샀다. 마이클 W. 스미스의 〈I 2(EYE)〉. 나는 몰랐지만 그는 미국의 유명한 CCM 가수였다. 예수님을 믿고 정신쇠약증세에서 벗어났다고 한다. 나는 팝 음악의 영향을 많이 받은 세대답게 록 음악으로 하나님을 찬양하는 CCM에 빠져 버렸다.

초등학교 2학년 때 엄마를 따라 교회에 갔던 날이 생각난다. 하필 그날 비가 엄청 쏟아져서 한강물이 넘쳤다. 지하에 있던 교회에도 물이 차올랐다. 교회 처음 간 날, 나는 물을 퍼 날랐다. 내 인생도 늘 풍랑 가운데 있었다. 부모님의 이혼과 파산. 외롭고 불안한 시절, 음반 한 장은 내가 기댈 수 있는 가장 큰 사치이며 위로였다. 나는 온라인 커뮤니티와 음악 잡지에 CCM을 소개하는 글을 쓰는 예배음악 기고자가 되었다.

어느 날 수현 형에게서 연락이 왔다. 내가 온라인에 쓴 글을 예혼에 올려도 되겠냐고 했다. "예배는 체험이고 이 체험은 교회의 예배 안에서 배워야 한다."라는 내 주장에 동의한다고 했다. 시간이 조금 흐른 후 형은 나에게 예혼 스태프로 같이 일하자고 했다. 형은 스태프를 선택할 때, 금방 결정하지 않는다. 오랜 시간을 지켜보고 그 사람이 와서 할 일을 마련해 놓은 다음에 "오겠니?" 하고 묻는다. 예혼에서의 나의 역할은 새로운 CCM 앨범을 소개하는 일이었다.

형은 클래식에 가까운 예배음악을 좋아했다. 나는 반대였다. 어찌

보면 너무 튈 것 같은 흑인음악이나 라틴음악, 록이 믹스된 음악, 특히 헤비메탈에 가까운 생소하고 무거운 것들을 좋아했다. 예흔 예배로 이런 곡들을 선정하면 모두들 걱정을 했다.

"곡이 너무 센데. 괜찮을까?"

형 자체는 보수적인 면이 있었지만, 나의 이런 선택도 격려해 주었다.

"원래 기독교는 진보적이야."

수현 형은 이런 음악을 올릴 때 예배 전에 미리 회중들에게 유의사항을 전했다.

"사운드보다는 가사에 집중해 주십시오."

사운드가 강한 음악들은 듣기에는 세지만, 메시지는 강력하고 솔직한 것이 매력이다. 지금은 해체된 모던워십의 전설 '딜리리어스'라는 영국 밴드가 있다. 록 음악으로 찬양을 시도한 이 팀의 라이브 앨범으로 예흔 예배를 드린 적이 있다. 그런데 의외로 나이 드신 장로님과 권사님들이 더 좋아하셨다. 형이 나를 택한 이유가 여기에 있었다.

일자리가 없었다. 형이 나를 서점 안의 음반 코너에 취직을 시켜 주었다.

"매상 많이 올렸니?"

신입이라 매출에 신경을 안 쓸 수가 없었다. 이상하게 매출이 바닥을 칠 때면 형이 왔다. 어떻게 알고 오는 것일까? 형은 한번 서점에 들르면 책과 음반을 있는 돈을 다 털어서 사주었다. 나도 안다. 다른 곳에서 이것들을 구입하면 훨씬 싸다는 것을.

형은 내게 신앙 서적들을 많이 선물해 주었다. 『회복의 신앙』, 『청년아, 울더라도 뿌려야 한다』 같은 이재철 목사님의 책들이었다.

"너는 묵상이 필요해. 지적으로도 훈련을 하고 마음을 가라앉혀."

은사주의적이고 자극을 좋아하는 내 신앙의 위험성을 형은 알고 있었던 것 같다. 『압살롬, 뒤틀린 영성의 길』을 주면서 "하나님이 네 주인이니 자아 좀 죽여라." 하던 말도 기억이 난다.

형은 모던워십에 관한 강의 의뢰가 오면 시간을 쪼개서 내게도 기회를 주었다. 나에게 두 번째 인생의 문을 열어주려고 애를 썼다.

크리스마스가 가까워 오던 2005년 어느 날 밤이었다. 형이 전화를 걸어왔다.

"뭐하냐?"

"그냥 혼자 있어요."

"고시원 1층에 차 대고 있으니까 나올래?"

나에게는 친구가 없었다. 병을 앓고 스스로를 고립시켰다. 내 곁에는 엄마와 수현 형, 예혼팀뿐이었다. 형은 가끔 찾아와 드라이브도 시켜 주고 맛있는 커피도 샀다. 많은 사람을 사랑하고, 또 그 사람들의 사랑을 입었지만 형도 외로운 때가 있었다.

그날따라 형의 안색이 좋지 않았다.

"피곤해 보여요, 형."

"밤마다 열이 나서 해열제를 먹는데, 이상하게 소변이 잘 안 나오네."

"형, 의사가 자기 몸부터 돌봐야지요. 빨리 가서 쉬세요."

형은 하루에 서너 시간밖에 못 잤다. 형이 가끔 "맘 놓고 다섯 시간 이상 푹 잤으면 좋겠다."라고 할 때도 있었다. 열흘 후, 형은 중환자실에 누워 있었다. 그리고 두 주 후, 형은 영원한 안식에 들었다. 믿을 수가 없었다.

"형, 내가 있을 자리에 왜 형이 누워 있는 거예요?"

수현 형의 죽음처럼 혼란스러웠던 적은 없었다. 죽었어야 할 사람은 난데, 왜 형이 먼저 간단 말인가. 형이 나 대신 간 것은 아닌지, 내게 무슨 메시지를 전하려고 하나님이 정결한 형을 먼저 데려가신 것은 아닌지. 나는 미안하고… 미안하고… 그리고 슬퍼서 울었다.

나는 지금 작은 교회에서 전도사로 일하고 있다. 내 병을 아시면서도 나를 교역자로 써주신 목사님이 참으로 고맙다. 난 이제 병을 이기겠다는 생각을 버렸다. 그냥 받아들이고 함께 살고 있다. 그랬더니 오히려 몸이 좋아지고 있다. 하나님의 은혜와 수현 형의 사랑으로 죄책감과 자학에서도 벗어났다. 친구들에게 연락도 하고 정상적인 사회생활을 하고 있다. 천국에 있는 형도 흐뭇하게 생각할 것이다.

데니스 저니건이란 찬양 사역자가 있다. 우리나라에서는 "약할 때 강함 되시네"라는 가사로 알려진 아름다운 찬양을 지은 사람이다. 그는 동성애자였지만 이를 고백하고 하나님의 은혜로 치유를 받았다. 그는 같은 상처를 지닌 사람들에게 큰 힘을 주고 있다.

한국에도 동성애자들이 많다. 에이즈 환자도 많다. 의외로 크리스천 가운데서도 그 숫자가 꽤 된다. 나는 동성애로부터 벗어났다.

사람들은 그들을 피하고 싫어한다. 왜 그들이 거기까지 왔는지 들어보려고도 하지 않는다. 내게 주신 하나님의 소명을 잘 알고 있다. "그늘지고 음습한 곳에 있는 그들에게 하나님을 전하는 것"이다. 나는 그들의 이야기를 들어 줄 수 있다.

나는 에이즈 감염인이다. 그럼에도 불구하고 하나님은 내게 소명을 주셨다. 그것이 내가 살아가는 이유다.

주 나의 모든 것

"주 나의 모든 것"은 예배인도자 데니스 저니건의 곡이다. 그의 앨범은 국내에서 인피니스를 통해 허트크라이 레이블의 앨범 몇 장이 테이프로만 발매되었었고, 일부 앨범들이 간간히 수입되는 정도다.

데니스 저니건은 젊은 시절 동성애에 빠졌던 적이 있다. 버림받고 소망 없는 자신의 삶에 깊은 회의를 느끼며 자살을 고민했다. 그러나 그는 하나님을 만나고 비로소 주님의 참사랑을 깨달았다. 새로운 삶을 시작하며 결혼도 하게 되었지만, 그의 과거를 다른 사람들이 알게 되는 것을 두려워했다.

1988년 결국 그는 그의 교회에서 예배를 인도하는 가운데 그의 과거를 회중 앞에서 고백하게 되었다. 하나님은 그 고백을 통해, 그의 연약함을 통해 역사하셔서 많은 사람들이 남에게 말하지 못한 채 가슴 깊은 곳에 묻어둔 성적인 죄악들 근친상간, 강간, 동성애 등을 쏟아 놓고 회개하는 역사가 일어났다.

"주 나의 모든 것", 이 곡은 우리나라에서 예수전도단을 통해 번역되어 알려지기 시작했다.

약할 때 강함 되시네

나의 보배가 되신 주

주 나의 모든 것

주 안에 있는 보물을

나는 포기할 수 없네

주 나의 모든 것

십자가 죄 사하셨네

주님의 이름 찬양해

주 나의 모든 것

쓰러진 나를 세우고

나의 빈 잔을 채우네

주 나의 모든 것

(후렴)

예수, 어린 양

존귀한 이름

예수, 어린 양

존귀한 이름

이 찬양은 그가 교회에서 아침 기도회를 인도하면서 하나님의 사랑과 신실하심을 증언하는 가운데 하나님께서 그의 마음에 주신 멜로

디와 가사를 담아 낸 곡이다. 그의 수많은 곡들 가운데 가장 널리 알려진 찬양이다. 그는 아내와 아홉 명의 아이가 있다.

당신이 수렁에 빠졌을 때

1990년대, IVP의, 아니 기독교 서적의 대표 저자들을 대라고 하면 고든 맥도날드, 송인규, 존 스토트를 예로 드는 데 주저함이 없었을 것이다. 이들이 한국 기독 청년들에게 끼친 영향은 컸다. 새내기 기독 대학생들은 『내면 세계의 질서와 영적 성장』을 추천받고, 『죄 많은 이 세상으로 충분한가』로 세미나를 가졌으며, 『그리스도의 십자가』로 지성을 길렀다. 세월이 흘렀지만 아직도 이들 이름이 찍힌 책들은 믿을 만하다. 이들 중 가장 대중성을 가진 인물은 고든 맥도날드가 아닐까 싶다.

고든 맥도날드의 저서는 전 세계적으로 1백만 부 이상 팔린 『내면 세계의 질서와 영적 성장』, 아내인 게일과 함께 쓴 『마음과 마음이 이어질 때』, 『남자는 무슨 생각을 하며 사는가?』, 『하나님이 축복하시는 삶』, 『베푸는 삶의 비밀』, 『무너진 세계를 재건하라』, 『영적인 열정을 회복하라』 등 한 번쯤은 들어 봤거나 펼쳐 봤을 책들이다. 개인적으로는 『내면 세계의 질서와 영적 성장』을 넘어서기에는 역부족이 아닌가 싶다. 서구적인 일상에서 이끌어 내는 예화들이 피부에 덜 와 닿는 것도 있고, 그의 서술이 긴 탓도 있다.

두란노에서 나온 『영적 성장의 길』 또한 그의 이런 글쓰기 패턴이 어김없이 배어있지만, 굳이 서평을 쓰고 싶다는 마음이 샘솟은 데는 이유가 있다. 이번 책은 그동안의 책들과는 다른 미덕을 품고 있기 때문이다.

누구나 실수할 수 있다. 이 사실을 알면서도 유독 인정하기 힘든 경우가 있다. 바로 리더가 죄를 범할 때다. 명성이 자자하고 탁월한 리더일 때 그 실수는 더욱 치명적이고 후유증 또한 엄청나다. 더욱이 영적 리더의 추락이라면 그 배신감은 말할 수 없다. 하지만 나도 나이가 들어가면서 이런 사건 앞에서 분노가 일어나기보다는 인간이란 정말로 약한 존재이며 우리 안에 선한 것이 아무것도 없음을 절감한다. 사실 범죄는 아주 작은 일부터 시작되었을 것이다. 그러나 그 사소한 일련의 선택들을 거쳐 깊은 수렁에 빠지게 되는 것은 순식간이다.

서구 교회에서 영적 지도자의 범죄가 드러났을 때, 교회는 그에게 회개케 하고 수년 동안을 근신하면서 자정하도록 한다. 그다음 적절한 시간에 사역을 재개하도록 하는 경우가 종종 있다. 고든 역시 그런 과정을 거쳐 다시 우리 앞에 서게 되었음을 이 책에서 처음으로 밝히고 있다. 유명한 저자가 자신의 치부를 드러낸다는 것, 그리고 회개의 터널을 통과해 원래의 지점에 다시 선다는 것은 정말 어려운 일이다. 공개적으로 자신의 잘못을 시인하는 고든의 용기와 지혜로운 아내 게일, 그리고 그를 지지해 주는 믿음의 동역자들이 있었기에 비로소 가능했을 것이다.

고든은 책의 마지막 장에서 평소와는 다른 결말로 방향을 튼다. 평생에 걸쳐 남에게 조언을 해주고, 바쁜 일에 매달려 효율적으로 시간을 사용하도록 스스로를 독려하면서 살아온 고든은 자신에게 결여된 것이 있으며 그것 때문에 자신이 실족하게 되었다고 고백한다. 바로 자기 주위에 '친밀한 소수의 공동체'가 없었다는 것이다.

나는 고든이 겪은 이 부분의 어려움을 깊이 공감한다. 많은 사역을 감당하고, 여러 사람들의 요구와 필요를 채워 주는 데서 주님의 도구로 사용되는 보람을 느끼는 사람들―필자와 고든을 포함해서―은 '뭉그적거리기'를 견디기 힘들어한다. 의미가 있는 만남과 진지한 모임에 우선순위를 두기에 그냥 '뭉개고 노는 데' 일부러 시간을 내기란 정말 쉽지가 않다. 하지만 오스왈드 챔버스는 "하나님을 위해서 일하는 사람은 많지만, 하나님과 함께 일하는 사람은 적다."고 말했다. 하나님을 위해 일한다면서 지나치게 바쁘고 오버하는 활동들이 우리를 옥죄어 오는 것을 느낀다면 이것은 위험한 신호다.

고든은 친밀한 소수란 "고통과 실망을 주고받기를 두려워하지 않는, 내가 세상을 떠날 때 정말 가슴 깊이 슬퍼하면서 장례식에 참석할 수 있는 그런 사람들"로 정의한다. 효율적인 시간 활용을 누구보다도 강조하던 고든이 끈질긴 근성, 삶의 탄력성을 기르는 데 가장 중요한 덕목으로 소소한 재미가 넘치는 우정을 강조하고 있다. 더불어 함께 하는 삶, 그리고 그 삶을 유지하기 위해 드는 시간과 비용은 삶의 균형을 유지하는 고귀한 낭비인 것이다.

『영적 성장의 길』을 덮으면서 책의 내용보다 더 중요한 사실이 있다는 생각이 들었다. 그건 고든 맥도날드라는 사람 그 자체였다. 넘어졌으나 아주 엎드러지지 않고(시 37:24), 영적 리더십의 권위와 하나님과의 관계를 다시 회복한 그의 존재가 전하는 무언의 웅변이 한 권의 책보다 우렁차게 들렸다.

나 역시 어떤 면에서 고든과 비슷한 코드를 품고 있다. 그가 고백한 것과 유사한 문제점을 안고 있고, 붕괴될 수 있는 취약한 부분이 있음도 자각하고 있다. 하나님이 부어 주신 은혜를 흘려보내는 통로의 역할을 잘하고 나서는 갑자기 추락하는 모순에 빠지기도 한다. 고든이 속으로 은근 골병이 들어 있는 나와 같은 사람들을 위해 특별히 이 책을 써준 것은 아닐까 생각해 본다. 그게 고마워서 오랜만에 이렇게 긴 서평을 쓰게 된 셈이다. 아, 그런데 이번 주 나의 스케줄은 왜 이리 빡빡한 것일까?

좌절된 꿈,
응답받은 기도

의사인 나는 환자들에게 찬송가테이프를 많이 나누어 드렸다. 찬양테이프는 나이에 따라 종류를 다양하게 하지만, 찬송가테이프는 어떤 연령층에서도 환영을 받았다. 환자분들은 찬양테이프를 들으면서 많은 것들을 돌아보았다. 어떤 분은 자신의 믿음이 희미해졌던 시간과 하나님의 음성에 귀를 꼭 막고 지냈던 기억들을 끄집어냈고, 어떤 분들은 신실하신 하나님께서 함께하셨던 순간들을 떠올렸다. 그리고 정체 모를 병마와 외로운 싸움을 벌여야 하는 고독의 순간에 다시 부르는 찬송이 얼마나 놀라운 위로와 능력을 주는지 깨달았다.

찬양을 통해 우리가 얻는 유익은 '기억하게 하는 것'이다. 어느 틈에 잊고 있던 주님의 선하심과 신실하심, 때를 따라 넘치게 부어 주셨던 풍성하심, 곤고할 때 내 곁에 동행하셨던 순간들 말이다. 그런 면에서 다마리스의 찬송가 앨범 〈Just Hymns〉는 추천할 만한 음반이다.

사도 바울이 아테네에서 예수님에 대한 변론을 하고 소수의 결실을 얻었다. 그중에 '다마리'라는 여인이 있었다(행 17:34). 오늘 소개하려는 다마리스의 이름은 여기서 나온 것이다. 그녀는 1955년 11월 4일에 복음전도자인 어머니와 성악가인 아버지 사이에서 둘째로 태어났다. 부모님의 선교지를 따라 남미 여러 지역과 뉴욕을 오가는 생활을 하면서 아버지가 시작한 어린이찬양대에서 음악에 눈을 뜨게 된다. 열한 살 된 다마리스는 본격적으로 성악을 배우게 되었다.

다마리스에게는 꿈이 있었다. 그것은 유명한 팝스타가 되는 것이었다. 주님을 사랑하고, 교회를 사랑하고, 유명해져서 돈을 많이 벌게 되면 헌금도 많이 할 텐데 무슨 잘못이 있겠는가? 이 꿈은 점차 현실이 되어 갔다.

먼저 그녀의 목소리를 맘에 들어한 광고제작자들이 코카콜라, 펩시, KFC 등의 유명 광고 CM송을 맡겼다. 그녀의 데모테이프는 전국 노래 제전에서 당당히 1등을 차지해 마침내 CBS 음반사와 음반 계약을 맺게 되었다. 결혼도 해서 3년 만에 첫아이도 낳았다. 그러나 어렵게 녹음해서 세상에 내놓은 CBS 음반은 완벽한 실패였다. 이후로도 유명한 가수가 되기 위해 노력했지만, 그 문은 좀처럼 열리지 않았다. 하나님께서는 당신께 영광을 돌리기 위해 유명해지겠다는 소위 '고지론'(高地論)을 용납하지 않으셨나 보다. 대신 그녀를 위한 더 좋은 길을 준비하셨다.

1988년 짐 심발라 목사가 아르헨티나에서 열리는 목회자 컨퍼런스에서 찬양을 해줄 것을 그녀에게 제안했다. 믿음의 가정에서 자라나 나름대로 신앙생활을 잘했다고 자부했던 그녀에게 이때의 경험은 커다란 충격이자 전환점이었다. 가난에 찌든 삶 가운데서도 온몸을 다해 찬양하는 아르헨티나 성도들의 모습에서 다마리스는 자신의 빗나간 생의 현주소를 발견한다. 그녀는 이제부터는 주님만을 위해 노래하겠다는 다짐을 하고 모든 계획을 접기로 한다.

하지만 주님은 그녀의 달란트를 기억하고 계셨다. 1990년 마침내 주님은 디스커버리 하우스 음반사의 첫 솔로가수로 길을 열어 주셨다.

이번에 낸 〈Just Hymns〉는 다마리스의 할아버지가 목사로 시무하시던 교회에서 어릴 적부터 배웠던 찬송가들이 자신의 믿음의 그릇이 되었음을 기억하는 앨범이다.

헨리 나우웬은 사역자들의 역할을 "예수님을 기억나게 하는 사람"으로 표현했다. 사역자 자신들은 주목을 받아야 할 주체가 아니다. 다른 사람들을 주님 안에서 자라도록 이끌어 주고 도와주는 객체라는 것이다. 잘못된 고지론으로 무장되어 다른 사람들이 자기를 알아주는데 목을 매는 우리들. 그런 우리에게 그녀는 말한다.

"나는 화려한 경력이 아니라 주님께 언제나 신실한 사람이 되기를 원한다."

순종의 사람에게 부으시는 성령의 역사는 그녀를 하나님의 놀라운 도구로 바꾸어 놓았다. 함께 그녀의 초대에 응해 보지 않겠는가? 하나님께서 우리가 다 아는 노래 몇 곡을 가지고 우리의 냉랭한 마음을 얼마나 뜨겁게 달구실지 기대하면서 말이다.

한 정치인의 거듭나기

얼마 전 신간을 보는데 교회에 대한 두툼한 책 『이것이 교회다』가 눈길을 끌었다. 저자는 찰스 콜슨. 1969년부터 1973년까지 닉슨 미국 대통령의 특별 법률고문으로 일했던 사람이다.

그의 이름을 처음 들은 것은 인간의 존엄성을 다룬 R. C. 스프로울의 책 『사람이 무엇이관대』에서였다. 이 책 가운데 교도소에서의 존엄성을 다루는 장에서 찰스 콜슨이라는 이름이 나왔다. 나는 막연히 '교도소 선교를 하는 사람인가?' 하면서 넘어갔었다. 그런데 이번에는 제대로 그를 만나게 된 것 같다. 찰스 콜슨의 『이것이 교회다』를 사면서 존 화이트의 『내적 혁명』도 같이 샀는데, 두 권을 동시에 읽어 나가던 중 나는 아주 흥미 있는 상황에 빠지게 되었다. 존 화이트의 『내적 혁명』 가운데 '회심에 따른 변화'라는 챕터 한 장을 할애해서 찰스 콜슨의 회심을 예로 들어 설명하고 있었다. 나는 화이트의 책을 잠시 접어 두고 찰스 콜슨의 이야기를 먼저 듣기 위해 그의 책을 잡지 않을 수 없었다.

닉슨 대통령을 재선시키기 위해 찰스 콜슨은 전력을 다했다. 그 결과 닉슨은 낙승할 수 있었다. 그러나 바로 그날, 가장 높이 있다고 생각되었던 것을 성취하고도 채워지지 않는 허전함—고갈된 화산—을 감지하는 것으로 그의 책 『거듭나기』(이후 『백악관에서 감옥까지』로 제목이 바뀌어 출간되었다)는 시작된다.

이 책은 여타 간증 서적과는 달리 읽기가 단순하지 않다. 정치적 암투와 사건들이 얽혀 있기 때문이다. 닉슨의 재선 후 자신의 본래 직업인 변호사로 돌아간 지 얼마 안 돼 워터게이트 사건이 터진다. 닉슨의 최측근이었던 그는 언론의 표적이 된다. 여기까지는 우리나라의 전임 대통령들의 측근들이 각종 비리로 검찰에 소환되는 상황과 비슷하게 진행된다. 그러나 그의 이야기는 예상대로 끝나지 않는다. 하나님께서 그의 삶에 간섭하셨기 때문이다.

하나님은 그에게 회심한 한 친구를 보내셨다. 필립스라는 친구는 자신은 예수님을 영접했고, 그의 삶을 예수께 바쳤다고 고백했다. 그 친구의 얼굴은 평안했고, 친절했고, 따뜻했다. 콜슨은 자신도 정부에 봉사하기 위해 스스로를 희생했다고 주장했지만, 사실은 백악관에서의 지위를 더 원하고 있었다는 것을 깨달았다. 그 친구를 만나고 나온 후의 심정을 그는 이렇게 고백하고 있다.

"차의 시동을 걸 키를 찾는 동안 눈물이 솟구쳤다. 화가 나서 눈물을 닦아 버리고 시동을 걸었다.

'도대체 나는 아무것도 아니었단 말인가?'

눈물을 멈출 수 없었다. …어두운 밤, 정적 가운데 나는 젖은 눈으로 홀로 기도하고 생각하면서 30분간을 차 안에 머물러 있었다. 하지만 난생 처음으로 나는 절대로 혼자가 아니었다."

친구가 선물한 C. S. 루이스의 『순전한 기독교』를 정독하면서 그는 예수 그리스도를 알게 되었다. 그가 예수님을 영접했다는 사실은 언론의 좋은 이야깃거리가 되었고, 워터게이트의 진실을 말하라는 다그침은 커져 갔다. 그는 고민에 빠지게 되었다. 그가 무죄를 주장하며 피고인으로 궁지에 몰려 있게 되면 자신의 신앙은 계속 불완전한 상태로 남을 것이라는 것을 알게 되었다. 마침내 그는 과거를 청산하고 부르심에 순종하는 마음으로 교도소로 가 형을 치르기로 한다. 변호사였던 그가 결코 경험해 보지 못했던 암울한 교도소의 삶, 인간성을 존중받을 수 없는 교도소의 감방에서 그의 신앙은 새로운 전기를 맞게 된다. 가장 비참했던 순간, 그는 자신의 전부를 하나님께 드리기로 한다.

"주여, 이렇게 되는 것이 마땅하다면 저는 주께 감사드립니다. 저를 감옥에 놓아두시고, 사람들이 제 변호사직을 박탈하도록 하시고, 또한 제 아들이 마약소지로 체포된 것을 감사드립니다. 주여, 제 친구들을 통하여 주님의 사랑을 제게 주셔서 감사합니다. 예수와 함께 동행할 수 있게 허락해 주신 것만 해도 감사합니다."

그는 감옥에서 동료 죄수들을 위해 기도하기 시작했다. 그리고 죄수들이 제일 싫어하는 빨래를 자진해서 했다. 처음엔 다른 속셈이 있을 거라고 오해하던 죄수들도 그의 진심을 알고 감동을 받았다. 콜슨은 그들과 함께 기도 모임을 가졌고 평생 죄수들을 위해 살겠다고 결심하게 된다.

얼마 후 석방된 콜슨은 1976년 약속대로 교도소선교회(Prison Fellowship Ministries)를 세웠다. 감옥에서 겪은 인간성 말살의 아픈 경험을 새기면서 역동적인 사역을 펴나갔다. 그는 1993년 기독교계의 노벨상인 템플턴상을 받았다.

최근 여러 가지 사건으로 어지러운 한국의 정치에도 주께서 이런 역사를 일으키시지는 않으실까. 지난주, 두 대권 주자가 부활절 연합예배에 참석해 불편한 표정으로 나란히 앉아 있던, 신문에 난 사진이 이 책의 내용과 오버랩 되면서 아쉬움과 동시에 희망이 깊어 간다.

두 번째 기회

요즘 매스컴에서 흔히 접하게 되는 사건들 중 하나가 요직에 오른 사람들이 과거 부지불식간에 행했던 불법적인—그가 매스컴의 집중을 받지 않았다면 평생 드러나지 않았을—일들이 만천하에 드러남으로써 불명예스럽게 퇴진하는 것이다. 노블레스 오블리주의 책임을 다하지 못한 그들의 처신은 지적받아 마땅하지만, 그들만이 특별히 용서받지 못할 중죄인은 아님을 우리는 알고 있다. 사실 우리 역시 아무에게도 보이고 싶지 않은 암흑의 시절을 겪었지 않은가? 영화 제목처럼 "누구에게나 비밀은 있다."

어두운 과거를 다시 들여다보고 싶은 사람은 없다. 남에게 보여 주고 싶은 사람은 더더욱 없다. 그렇지만 놀랍게도 자기 허물을 커밍아웃하는 소수의 집단이 있다. 신실한 크리스천들이다. 그들의 커밍아웃이 매스컴에서 떠들썩하게 다루는 유명 연예인들의 그것과 다른 것은 현재를 합리화하기 위해서가 아니라, 같은 오류를 범한 사람들을 위로하고 새로운 소망을 주기 위함이기 때문이다. 우리는 그렇게 하나님의 은혜의 통로로 쓰이는 사람들을 알고 있다. 그런 인물들 중에 내게 가장 깊은 인상을 남겼던 이를 소개하고 싶다. 바로 스티븐 아터

번이다.

스티븐 아터번은 현재 미국과 캐나다를 통틀어 가장 큰 기독교 상담센터인 뉴라이프클리닉의 설립자이며, 수십 권의 저서를 남긴 베스트셀러 작가다. 또한 여성을 대상으로 한 대형 집회인 '믿음의 여성들'을 일으킨 사람이기도 하다. 기독교 상담에 관심이 있는 사람이라면 그의 저서 『해로운 믿음』을, 이성문제와 남성의 순결함에 관심이 있다면 놀랍도록 솔직한 표현과 실천적인 에너지로 가득 찬 『모든 남자의 참을 수 없는 유혹』을 거론하지 않을 수 없다. 주로 공저자와 함께 저술하는 방식을 통해 다작하는 감이 없지는 않으나 솔직한 자신의 이야기와 폭넓은 상담 경력에서 나오는 업템포의 글솜씨는 상당한 흡인력을 가진다.

사실 그의 책을 고르라고 한다면 유명세나 영향력 면으로 봐서는 앞에서 언급한 두 책을 먼저 소개하는 것이 당연하겠지만, 나는 의도적으로 그의 자그마한 자서전이라 할 수 있는 『두 번째 기회』를 자신 있게 소개한다. 이는 그의 다른 저서를 이해하는 시금석이 되기 때문이다.

이 책은 한 탕아의 기록이다. 헨리 나우웬의 『탕자의 귀향』이 성경의 탕자의 비유에 나오는 세 명의 등장인물에 차례대로 자신을 이입시켜 우러난 묵상을 담은 책이라고 한다면, 『두 번째 기회』는 현대판 탕자의 일인칭 수기와 같다. 현재 미국의 기독교 상담가들 가운데 가장 대표적인 인물 중 한 명인 저자가 이토록 삶의 바닥으로 추락했었다는 사실은 우리나라 독자에게는 퍽이나 생소할 것이다. 중요한 것은 그토록 리더십의 자리에 서 있는 저자가 이런 솔직한 고백을 통해 자신을 보여 주는 용기를 가지고 있다는 것이다. 우리는 그의 고백을 통해 새로운 가능성을 발견한다. 고마운 일이다.

"내가 그 어떤 부서진 배를 탈지라도 그 배는 당신의 방주의 증거가 될 것입니다.
그 어떤 바다가 나를 삼킬지라도 그 바다는 당신의 피의 증거가 될 것입니다."

-존 던, 『그리스도 찬가』

5장

소명자는 낙심하지 않는다

군의관으로 복무하면서 제대를 앞둔 그는 유행성출혈열에
감염되었습니다.
사람들은 신실한 그 청년이 하나님의 은혜로 무사히 살아날 것을
믿어 의심치 않았습니다. 그러나 하나님의 뜻은 달랐습니다. 2006년
1월 5일, 그 청년은 많은 사람들의 눈물과 애통함 속에서 숨을
거두고 말았습니다. 33세, 아주 짧은 생이었습니다.
예상치 못했던 이 청년의 죽음 앞에서 그를 사랑하던 사람들은
놀라고 당황했습니다. 하나님께서 사랑이 넘치던 이 청년의 죽음에
두신 뜻을 알 수 없었기 때문입니다.
안수현 형제가 소천한 지 12년이 지났습니다. 아직도 주님의 뜻을
확실히 알 수는 없으나 그 청년의 소명의 흔적들은 남아서 여전히
힘 있게 역사하고 있습니다. 안수현 형제가 남긴 글들은 책으로,
영화로, 또 연극으로 만들어져 사람들에게 선한 영향력의 통로가
되고 있습니다. 책의 인세는 처지가 어려운 학생들에게 장학금으로
지급되고 있습니다.
생전에 안수현 형제는 일기에 이런 글을 썼습니다.
"그것은 바로, 모든 사건 뒤에 계시는 하나님을 깨닫는 것입니다.
이전에도 그랬듯이 하나님은 오늘의 사건 뒤에도 계십니다.
무언가를 가르쳐주고자 하십니다.
무언가를 해결하라고 하십니다.

무릎을 꿇습니다.
무의미한 싸움을 그칩니다.
현실과 그 뒤에 계신 주님을 봅니다.
그리고 기도합니다.

다른 사소한 일들에 휩쓸리게 마시고
당신 한 분만 바라보고 나아가게 하소서
마침내 당신께서 바라시는 뜻을 이루게 하소서."

코람데오! 주님 안에서, 주님만 바라보며 묵묵하게 걸어가던 그 청년
바보의사, 안수현 형제. 그의 삶은 짧았지만 소명을 따라간 꽉 찬
인생이었습니다.
그 청년이 그립습니다.

마지막 경례

이은택

    교회 후배의 일렉트릭 기타가 고장 나 악기점에 수리하러 같이 갔었다. 난 그냥 옆에 있다가 심심해서 통기타 한 번 쳐봐도 되냐고 직원에게 물었다.
    "이 모델이 좋은데 한번 보실래요?"
    직원이 친절하게 추천해 준 기타를 받아 의자에 앉으려는 찰나, "갸갸갹" 하고 매장에 울려 퍼지는 소리! 새 기타를 앞에 있던 유리 테이블에 긁고 말았다. 외관상 흠집이 눈에 띄지 않았지만 상품 가치가 떨어졌기 때문에 내가 살 수밖에 없었다. 가게 주인은 25만 원짜리인데 20만 원에 해주겠다고 했다. 눈앞이 노래졌다.
    희한하게도 그때 가장 먼저 생각났던 사람은 부모님도 아니고 친구도 아닌 수현 형이었다. 형에게 SOS를 쳤다. 형은 선뜻 20만 원을 내 계좌로 입금해 주었다.

그때 난 대학부 찬양팀 기타리스트였다. 그런데도 기타 살 생각은 '전혀' 안 하고 교회 것으로 연습을 하다 말다 했는데 이번에 '하나님의 강매'로 기타를 사게 된 것이다.

전화로 수현 형에게 고맙다고 하자, "돈 갚을 생각 말고⋯ @#$%⋯"라고 했다. 버스 안의 소음 때문에 뒷말을 못 듣고 말았다. 한 소심하는 내가 망설이다가 나중에 형을 만났을 때 물었다.

"형, 사실 그때 뒷말을 못 들었는데 뭐라고 하셨어요?"

형은 박장대소를 하며 한번 잘 고민해 보라고 했고, 끝내 돈도 받지 않았다.

처음 수현 형의 이름을 들은 것은 중학교 2학년 때다. 어느 날 하이텔에 들어가서 돈 모엔의 "God will make a way"(나의 가는 길) 가사를 찾고 있었다. 검색한 글 밑에 제공자의 이름이 있었다.

"STIGMA 영락청년 안수현"

'어? 우리 교회 사람이네' 한 뒤 그 이름을 기억하고 있었다.

형을 대면한 것은 대학부에 올라와서다. 광화문에 있는 빵집에 갔다가 대학부 리더랑 약속이 있었던 수현 형을 만나게 되었다. 키가 크고 포스가 느껴지는 형이었다.

"왠지 한 명 더 올 것 같은 느낌이 들어서 한 권을 더 준비했는데, 네가 주인이었구나."

형은 첫 만남부터 책을 선물해 주었다. 찬양을 좋아하는 나는 자연스럽게 예흔 모임에 나가게 되었다.

형은 내게 찬양 음반들을 많이 주셨다. 특히 그중에 알리시아 윌리엄슨의 〈We Win!〉이란 음반이 생각난다. 그 안에 내 이름이 들어 있다고 아직 한국에 번역되기도 전에 선물로 주셨다. 그 음반 안에 "All His benefits"라는 노래가 있다. 내 이름은 시편에도 여러 번 나오는 '은택'이다. 영어로는 'benefit'. 형은 그렇게 의미 있는 선물로 감동을 주었다.

한번은 수현 형이 리더로 있는 성경공부반의 한 형이 "수현 형이 너 갖다 주라신다"며 책을 한 권 내게 전해 주었다. 잽 브래드포드 롱의 『성령의 능력으로 사역하라』였다. 나에게 정말 딱 맞는 책이었다. 그때 나는 성령의 능력에 대해 오해하고 받아들이지 못하는 주위 사람들의 영향을 받아 성령에 대해 의문과 회의가 있었다. 그 책을 읽으면서 영적으로도 은혜가 되었고 정서적으로도 안정을 되찾았다.

우리 집이 파주에 있어서 예흔 예배나 예배를 위한 종합편집을 마치고 나면 차가 끊겼다. 형이 차로 나를 데려다 주었다. 같이 가다가 형이 피곤하면 길가에 세워 놓고 같이 자다가 가기도 하고, 안 가본 길로 가다가 이상한 곳으로 빠지기도 했다. 한밤중에 지도를 펴놓고 "야, 여기가 도대체 어디냐?" 하면서 같이 고민하기도 했다.

2004년이었던가? 이라크에서 김선일 씨가 무장테러단체에 납치되어 참수 당했다는 소식을 수현 형 차 안에서 라디오로 들었다. 형이 갑자기 큰 소리로 울음을 터뜨렸다. 눈물을 목뒤로 넘기면서 정말 슬프게 울었다. 나는 형이 그렇게 우는 모습을 처음 봤다. 그땐 어려서 그 의미가 무엇인지 몰랐다. 선교사로 나가기 위해 준비하고 있는 지금, 형의 울음소리가 마음을 친다. 형의 슬픔이 나로 하여금 선교의 불모지인 북한, 일본, 이스라엘에 관심을 갖고 선교사의 길로 향하게 했다는 생각이 든다.

수현 형이 소천했을 때, 나는 군대에 있었다. 교회 선배에게 전화로 형의 죽음 소식을 들었다. 가슴에서 뭔가 "텅" 하고 끊어지는 소리가 났다. 중대가 큰 훈련을 준비하는 긴장된 분위기라 휴가 낼 생각도 못했다. 식당에 멍하니 앉아 있는데 소대장님이 다가와 물으셨다.

"너 왜 넋 놓고 앉아 있냐?"

간부들이 이상한 낌새를 느끼셨던 것 같다. 친한 형이 군의관으로 복무하시다가 순직했다고 솔직하게 말씀드렸다. 중대장님이 갑자기 특별외박증을 끊어 주셨다. 나는 군복을 입은 채 서울 현충원으로 갔다. 그게 예의라는 생각이 들었다.

영정사진 속 군복을 입은 형이 미소 짓고 있었다.

'육군 대위한테 병사가 경례를 해야지.'

나는 눈물을 삼켰다. 천천히 형에게 경례를 올렸다.

형이 사준 그 기타를 여기저기 예배 인도할 때, 혼자 기도하며 찬송할 때, 정말 유용하게 쓰고 있다. 비싼 기타는 아니지만 부품들은 최상의 것들로 바꾸어 주면서 귀하게 여기고 있다. 형이 전화로 했던 말이 이렇게 찬양하라고 했던 것은 아닐까?

제대할 때쯤 후임이 기타를 자기에게 싸게 넘기라고 떼를 썼다. 수현 형 얘기를 해주었더니, 후임이 오히려 그 기타는 형이 평생 가지고 있어야 하는 거라고 했다. 나중에 더 좋은 기타를 사게 되더라도 이 기타는 영원히 내 곁에 있을 것이다.

병사들의 기도모임

치과병으로 일하는 군종병 슬기가 진료실을 찾아왔다. 들려준 소식인즉, 의무실 병사들이 소속되어 있는 지원대 대 병사들 중 몇몇이 자발적으로 기도 모임을 시작했다는 것이다. 월, 화, 목요일 저녁 8시에 모인다고 했다. 그 시간이면 보통의 병사들은 텔레비전을 보거나 쉬는데, 이들은 그 시간을 활용하여 잠깐 동안 모여 기도한다고 했다. 소식을 들은 날이 마침 당직이어서 내 진료실에서 한번 자리를 함께하고 싶다는 뜻을 전했다.

모임 전에 간식을 사왔다. 정확히 8시에 내 진료실로 돌아왔는데 병사들이 보이질 않았다. 좀 일찍 왔다가 내가 없으니 다른 방을 잡은 모양이었다. 그 방으로 들어가 보니 10명 정도의 병사들이 모여 있었.

한 병사가 강준민 목사님의 책을 읽고 일부를 정리해서 동료들에게 전해 주고 있었다. 아주 확신에 찬 음성 때문에 군종 장교인 줄 알았는데, 나이가 좀 많은 친구였다. 시간이 없어 군대에 늦게 온 깊은 속사정까지는 이야기할 시간이 없었다. 말씀을 나눈 뒤 내 진료실로 자리를 옮겨 준비한 간식을 나눴다. 이곳은 의무병들이 내게 속한 병사들이 아닌데다 입실할 병실도 따로 없는 외래 중심의 진료라 병사들과 개인적인 접촉을 할 기회가 드물다. 짧은 자유 시간을 쪼개 기도하고자 하는 친구들을 만났다는 것은 참 반가운 일이었다.

전에 있던 부대에서는 당직 때마다 작은 이벤트를 열었다. 전날 코스트코 빵이나 던킨 도너츠, KFC 치킨 같은 특별 간식을 준비해서 점호시간쯤 커피포트를 들고 병실에 가서 커피를 한 잔씩 타주면서 병사들이 신청한 영화 한 편을 보여 주는 것이다. 집에서 쓰던 DVD 플레이어를 들고 와서 오디오에 연결하면 꽤 그럴 듯한 음향과 화질로 영화를 보여 줄 수 있었다. 병사들이 이런 작은 친절을 통해 군과 군의관에 대해 좋은 추억을 한 조각씩 품고 돌아갈 수 있었으면 하는 마음으로.

지난달에 부대 건물 옥상에 있는 지원대대 도서실에 책 60권 정도를 전달했다. 절반 이상이 신앙서적이었는데 예상대로 기도 모임에 모였던 친구들에게 좋은 읽을거리가 되고 있었다.

"어, 갑자기 웬 신앙서적이 이렇게 많아졌어?"

병사들이 이런 얘기를 주고받는다고 한다. 짧은 시간이지만 계급의 벽을 넘어 주님 안에서 믿음의 선후배이자 동역자로 우리를 부르고 계심을 느낄 수 있었다.

스티브 아터번의 『두 번째 기회』를 빌려갔던 군종병 슬기가 책 내용이 자기랑 너무 비슷해 팍팍 와 닿는다면서 피드백을 해주었다.

나의 일탈

오늘은 부대에서 당직을 서는 날이다. 날씨는 무덥고 인터넷과 에어컨이 없는 당직실은 숨이 막히지만, 어제 일탈의 결과물들이 책상 수북이 쌓여 있기에 전혀 지루하지 않다. 아니, 이 책과 CD를 오늘 하루에 다 소화할 수가 없겠다는 즐거운 고민에 빠져 있다.

어제도 '일탈'을 했다. 물론 일탈이라고 해봤자 큰 것은 없다. 무계획적인 쇼핑이 내게는 일탈이다. 서점이나 음반 코너에서 제멋대로 튀는 의식의 흐름을 제어하지 않고 내버려 두는 것이다. 눈에 띄는 책이나 음반을 훑어보고 땡기면 집어 든다. 사야 하는 이유를 스스로에게 굳이 납득시키려 애쓰지 않는다. 하지만 제한된 재정 때문에 평소에는 약간 자제한다.

지지난 주에도 코엑스에 있는 반디앤루니스 서점에서 문 닫는 시간 즈음까지 이런 일탈을 했다. 그날의 주제는 '어릴 때 읽었던 추리소설 다시 음미해 보기'였고, 『X의 비극』, 『지킬 박사와 하이드 씨』 등을 다시 읽으면서 추리소설의 문학적 유희를 즐겼다. 오스카 와일드의 『도리언 그레이의 초상』도 챙겨 놓았다. 덤으로 산 팝그룹 서바이

버와 빌리 조엘의 베스트 음반도 엄청 반갑고 친근했다. 예전에는 FM 라디오를 들으면서 DJ의 멘트가 섞이지 않게 이 노래들을 녹음하느라 무진장 애먹었었지.

어제는 『내가 사랑하는 클래식』이라는 신간을 우연히 집어든 것이 화근이었다. 정신과 의사로 클래식음반 전문매장인 '풍월당'을 운영하는 박종호 씨의 음악 이야기를 담은 책인데, 안동림 교수의 『이 한 장의 명반』과 닮은꼴이면서도 부드러운 이야기가 마음을 끌었다. 결국 그 책의 유혹을 이기지 못했고, 책에서 눈에 띄는 음반을 찾아 아래층 음반매장으로 쪼르르 내려가 한참 동안 고심 끝에 이안 보스트리지의 음반 두 장을 골랐다. 지난 3월 내한공연을 했던 그에 대한 호기심이 아직 사그라지지 않고 있던 차였다. 안네 소피 무터의 "시벨리우스 바이올린 협주곡"이나, 첼리비다케의 "브람스 교향곡 4번", 카라얀(76년)과 아바도의 또 다른(개인적으로는 86년 라이브 버전을 첫째로 손꼽는다) "베토벤 합창 교향곡" 등 다른 추천 음반들은 마침 매장에 없었다. 하마터면 대여섯 장은 집어 들 뻔했다. 자네트 느뵈의 브람스 바이올린 협주곡 모노 복각판이 필립스에서 새로 나왔는데 값이 너무 비싸 고민 끝에 구매 리스트에서 빼야 했다. 속이 쓰리다.

삶에서 가끔 일어나는 일탈은 사람들마다 다양한 형태, 제각기의 방식이 있겠지만 빡빡한 생활에 일시적으로 불규칙한 리듬을 부여함으로써 구태의연한 일상을 환기시키며 삶의 여유를 되찾게 하는 빼놓을 수 없는 재미다.

단, 일탈이 진짜 일탈이 되려면 평소에는 정해진 리듬에 맞춰 규칙

적이고 정돈된 생활을 일궈 나가야겠지. 일탈이 항상 있는 일이 된다면 그건 일탈이 아니라 혼돈(chaos)일 테니까.

참된 형통함이란

토요일, 기다리던 전화가 왔다. 지난달 면접을 보았던 모 부대의 인사장교였다. 내심 바랐던 병원 급은 아니지만, 서울 도심 한가운데에 있어서 교회를 섬길 수 있고 공부나 여러 가지 일을 할 수 있어 꽤 매력적인 근무지였다. 약제들도 넉넉해서 진료하기에도 좋았다. 나를 비롯해 두 명의 군의관이 면접을 보았다. 나름 열과 성을 다해 근무했고, 수필공모에 당선되어 군의관의 위상을 드러낸 점도 있었고, 시상식에서 군의료계통의 최고 수장인 의무사령관과도 만나 봤으니 하나님께서 그 자리를 내게 허락하시지 않겠나 하는 기대가 어렴풋이 있었다. 하지만 전화 내용은 그 자리에 다른 사람이 내정되었다는 짤막한 통보였다.

전화를 끊고 마음 한구석이 허전한 것은 어쩔 수 없었다. 내가 계획하고 구상했던 여러 일들이 꽤 조화롭게 이루어질 수 있는 교차점에 그 부대가 있었기 때문에 미련이 남았다. 내 존재 가치를 입증해 보이기 위해 수소문을 더 하고 애를 더 썼어야 하지 않았나 하는 후회와, 지난 연말부터 여러 상황을 통해 이끄시고 마음을 주장해 주신 것이 이곳을 위한 것이 아니었던가 하는 아쉬움을 애써 쓸어 담아야 했다. 한편으로는 좋은 평가를 받아 보겠다고 잔머리를 굴렸던 내 모습에 부끄러움도 느꼈다. 결과적으로 올해의 로드맵은 수정이 불가피해졌다. 하지만 달라진 상황에도 불구하고 몇 가지는 그대로 진행하기로 했다.

지난주 주일 설교 본문은 창세기 39장, 요셉이 형들의 손에 의해 상인들에게 팔려 애굽의 시위대장 보디발의 집에서 종살이를 하기 시작한 장면이었다. 문득 이런 생각이 들었다.

'왜 요셉은 탈출을 시도하지 않았을까? 왜 아버지 야곱에게 돌아가 자신의 생존과 형들에게 당했던 배신을 송두리째 일러바치고 다 뒤엎어 버리지 않았을까?'

그가 보디발의 집에서 두터운 신망을 얻었을 때, 또 나이 서른에 애굽의 서열 2위인 총리대신의 자리에 올랐을 때, 그가 마음만 먹는다면 충분히 그럴 수 있었을 것이다.

요셉은 다음 세 역할 중 하나의 상태에서 성경의 기록으로부터 사라질 수도 있었다. 하나는 보디발 장군의 아내와 내연관계에 있는 저택관리인, 두 번째는 애굽 왕실교도소의 제1 선임수감자, 세 번째는 탈출과 복수에 성공한 탈옥한 노예일 것이다. 하지만 요셉은 그런 나락으로 떨어지지 않았다. 그는 하나님이 의도하신 좁은 길을 묵묵히 걸어갔다. 그는 자신이 있지 않아야 하는 곳에 와있다는 불만의 목소리를 잠재웠고, 노예와 죄수 생활의 시간을 낭비하지도 범행을 저지르지도 않았다. 요셉은 노예이자 죄수였지만 성경은 그를 형통한 사람이라고 기록한다.

"여호와께서 요셉과 함께"하시므로(창 39:2) 요셉은 자신을 추스를 수 있었다. 하나님의 동행하심에 대한 확신과 신뢰가 있었기 때문에 요셉은 최악의 상황과 부적절한 장소에서도 탈출을 시도하지 않은 것이다. 하나님은 요셉이 자신의 지혜와 인맥에 기대기를 원치 않으셨다. 더 큰 그림을 완성할 도구가 되기 위해서는 더 준비되고 하나님만을 의지하는 자가 되어야 했다.

요셉의 모습에 포개지는 인물은 다윗이다. 다윗 역시 자신을 죽이려 드는 사울 왕을 죽일 수 있는 기회가 두 번이나 있었다. 그러나 다윗은 그 완벽한 심판의 기회들을 모두 버렸다.

탈출을 시도하지 않은 요셉과 복수를 의도적으로 하지 않은 다윗 모두 하나님께로 받은 무엇인가가 있었다. 그것은 하나님의 언약이다. 결국 두 사람은 주신 언약과 관련한 문제에 관해서는 두 손을 스스로 묶어 둔 채 기다리기를 선택했다. 그때가 언제가 될지 두 사람 모두 알지 못했다. 하지만 언약의 완성을 자신이 아닌 하나님이 이루시도록 내어 드린 것이다.

문제들을 찬찬히 살펴보는 가운데 내 마음도 안정을 되찾아 갔다. 현재 허락하신 근무지에 대한 자족함과 감사가 서서히 차올랐다. 함께 일하는 사람들, 만나는 환자들, 그리고 내 진료실. 지난 일 년 동안 부대와 교회, 섬기는 일과 만나는 사람들 가운데 함께하심을 보여 주셨던 수많은 증거들. 지난주 호흡곤란으로 실려 온 신병에게 기관지 삽관을 해서 위태할 뻔한 순간을 넘길 수 있게 하신 것도 주님이 허락하신 형통함이 아니겠는가. 나는 선택되지 못한 이유를 따지기보다는 주의 길로 이끄시리라는 믿음을 다시금 새롭게 하면서 주와 함께 달려가기를 선택하고자 한다.

혹한기 행군길에서

혹한기 훈련을 앞두고 행군이 있었다. 아침 8시 반에 출발해서 저녁 5시까지 예정된 대략 25킬로미터 행군이었다. 발생할 환자에 대비해 군의관 한 명이 앰뷸런스에 선탑해서 동행해야 한다. 이번에는 내가 자원했다. 우리 부대에 근무할 동안 마지막으로 있을 행군인 것 같아서 함께하고 싶었다.

오늘은 특히 올해 군의관으로 들어가는 후배들이 3군사관학교에 입소하는 날이기도 하다. 아마 정오쯤 영천에 도착해 오후 1시부터 여러 물품들을 나눠 받고 이름표와 부대마크를 바느질해서 고정해야 할 것이다.

2년 전, 내가 입소했을 때가 생각났다. 훈련받던 그 고단한 시간들. 하지만 야외훈련장을 오가는 그 시간에도 마음으로 불렀던 찬양들과 짤막하게 드렸던 기도들이 새삼 떠올랐다. 그때를 다시 기억하고 싶었는지도 모른다. 행렬의 끝에서 천천히 따라가기 시작하는 앰뷸런스에서 내려 병사들과 함께 걸어갔다.

점심이 되니 허기가 졌다. 점심을 먹고 다시 오후 행군을 시작했다. 훈련받을 때 입는 옷을 입고 행군을 하니 그때 불렀던 찬양들이 생생히 기억이 났다. 상황이 결부된 찬양들이었다. 그 고귀했던 시간들….

날씨가 따뜻해서 땅이 질퍽했다. 다시 세 시간을 걷고 걸어서 끝까지 차량에 타지 않고 행군을 했다. 막바지에 후미에 있던 내 모습이 보이지 않자 대장님은 결국 내가 앰뷸런스를 타고 가나 보다 생각하셨다가, 오히려 내가 선두에서 병사들을 독려하고 있어서 신기해하셨다. 발바닥에 물집 하나 잡히지 않고 거뜬하게 행군할 수 있었던 오늘 경험은 좋은 추억이 될 것 같다.

3군사관학교에 입소해서 화산유격장까지 꼬박 걸어왔던 것에 비하면 한결 가벼운 훈련이었다. 아마도 내가 이미 행군길의 코스와 거리를 알고 있기 때문에 별 어려움을 느끼지 않은 것 같다. 길의 끝이 어딘지, 목적지가 어딘지를 몰랐다면 훨씬 멀고 힘들게 느껴질 것이다. 우리는 그런 불확실한 길을 가장 못 견디고 쉽게 낙심한다. 생의 종착점에 어떤 열매를 추수할지 아는 크리스천조차도 말이다.

오늘 군의관으로 불러 주신 하나님의 계획에 감사했다. 지금쯤 훈련을 하고 있을 후배 군의관들의 마음과 고민을 잘 알기에 그들에게 공감하면서 진심으로 위로할 수 있기 때문이다. 입소 첫날은 자다가 추워서 깼던 기억이 난다. 지금쯤 후배들도 그런, 마음이 가난한 순간을 겪고 있을 것이다. 그들 모두에게 잠시 세상으로부터 분리되는 이 기회가 이후의 삶에서 유익한 시간으로 자리 잡게 되기를 기도한다.

내 무덤에 서서
울지 마렴

백정진

    그날도 수현 형의 차 안에서는 음악이 흘렀다. 영락교회 대학부 찬양대가 일 년에 한 번 하는 가을 음악 예배 리허설을 했던 날이었다. 찬양대 지휘자인 나는 신경이 날카로워져 있었다. 격려차 잠깐 들렀던 수현 형이 나를 태우고 우리 집까지 데려다 주던 길이었다.
    형이 고른 음반은 슈베르트의 〈겨울 나그네〉였다. 버림받은 청년이 자신이 사랑하던 여인의 집 앞에서 이별을 고하고 떠나는 쓸쓸한 겨울 여정을 노래한 스물네 개의 연가곡이다. 원래도 어두운 노래였지만, 말할 수 없이 처절하고 슬픈 베이스 바리톤의 음색이 도무지 나를 가만있지 못하게 뒤흔들어 놓았다.
    "형, 정말 좋네. 이 사람 누구야?"
    "토마스 크바스토프."
    독일 출생. 임산부들의 입덧방지용 약이었던 탈리도마이드 부작용으로 인해 기형으로 태어났다. 키 132센티미터, 팔은 거의 없고, 어깨에 붙어 있다시피 한 오른 손가락 네 개, 왼 손가락 세 개. 음대 입학을 거부당한 최고의 성악가.

내 표정이 간절해 보였던 것이었을까? 형은 그 자리에서 내게 그 음반을 선물로 주셨다.

10년 전, 대학교 1학년 때였다. 교회음악과 성악 전공 수업시간에 교수님이 합창곡의 한 소절을 부르게 하셨다. 내가 부르고 나자 선생님이 한마디 하셨다.

"백정진 씨는 표정이 왜 그렇게 어두워요? 맨날 겨울 나그네만 불렀나?"

이 곡을 흥얼거린 지 10년 만에 비로소 상처받은 사람의 분노와 슬픔을 제대로 표현한 성악가를 만난 것이다. 수현 형의 차 안에서.

나는 내 미니홈피에 이 음반의 리뷰를 썼다.

"…정말 단 한 곡이라도 제정신으로 듣다가는 내가 못 견디고 나가떨어질 것 같은 무게로 다가온다. 실제로 이 곡을 듣고 나면 엄청난 체력 저하와 가슴 깊이 쑤시는 아픔, 어지러운 머리를 나의 육체와 정신이 느끼게 된다. 다시 듣기 겁나지만 그렇다고 다른 음반을 집고 싶지도 않다.

외로움과 아픔, 고독…. 이것들을 대면하는 용기. 지금 이 아픔이 나의 것임을 외면하지 않고 현재의 나 자신을 왜곡되게 바라보지 않는 철저한 정직함을 가지고 싶다."

형이 댓글을 달았다.

"솔직히 고백하면, 그 음반을 네게 주고 나서 약간 후회를 했다. 라이센스된 음반이라 다시 구할 수 있겠거니 했는데 아무리 찾아다녀도 국내에는 남아 있는 게 없네. 인터넷에도 없고. 결국 외국에 있는 친구에게 부탁해 음반을 구했다. 그래도 네가 쓴 글을 읽으면서 참 딱 들어맞는 사람에게 음반을 전했구나 하는 생각이 들어 퍽이나 감사했단다."

형과 나의 대화는 거의 음악에 관한 것이었다. 어떤 때는 집 전화기에 대고 자기가 좋아하는 음악을 서로 들려주곤 했다. 나는 성악이 전공이라 노래가 들어간 음악을 좋아했고, 형은 순수한 기악곡을 많이 알았다. 당시에 잘 알려져 있지 않았던 러시아의 지휘자 므라빈스키를 소개해 주고, 그가 지휘하는 레닌그라드 필하모니의 엄청나게 빠르고 정확한 글린카의 "루슬란과 루드밀라" 서곡을 처음 들려준 사람도 수현 형이었다. 전설적인 피아니스트 호로비츠가 토스카니니의 사위였다는 것도.

형은 클래식 음악을 전공자 이상으로 전문적으로 들었다. 형이 보내 준 글에는 이런 것도 있다.

"이번 주는 겨울 나그네 비교 감상 모드야. 괴르네, 크바스토프, 보스트리지 CD를 모두 들고 다녀. 화근은 새로 나온 크바스토프의 겨울 나그네 DVD 때문이었는데 가사 내용이 정말 절절하더라. 그렇잖아도 짠한 가을을 더욱 애잔하게 만드는. 내게 독일어 딕션의 아름다움을 느끼게 해준 사람이 바로 크바스토프였어. 이 가곡에서 이런 아름다움을 느끼는 거구나 하는 걸 처음 맛봤지. 보스트리지의 미성이 따라갈 수 없는 딕션의 맛이 그에게 있었어. 어릴 때는 메시아를 영어로 부르는 거 들으면서 알아들을 수 없다고 툴툴 거릴 때가 있었는데 이제는 외국어의 딕션을 통해 곡의 맛을 더 깊이 느낄 수 있다고 이야기하고 있으니. 정녕 클래식은 초보가 맛보기에는 너무 어려운 당신인 것인가?"

대학을 졸업할 즈음, 나는 깊은 회의에 시달렸다. 고등학교 때 주님이 나의 삶의 주인 되심을 고백했다. 그런데 점점 믿는 사람들에 대한 실망이 밀려왔다. 하나님을 찬양하는 업을 가졌으면서도 그 삶은 하나님과 상관없는 사람들을 보면서 음악도 접고 싶었다. 방황하면서 다른 길을 찾아보려고도 했다. 그러나 하나님은 나를 회복시키셨다.

"네가 할 수 있는 것 안에서 하나님을 찬양해라. 누구를 판단하는 것은 네 일이 아니다. 그것은 내가 할 일이다."

나는 성악에서, 점점 재미를 붙이고 있던 지휘로 진로를 바꾸고 유학을 준비했다.

미국으로 떠나기 일주일 전, 갑자기 휴대폰에 수십 개의 문자가 떴다. 수현 형의 죽음을 알리는 소식들이었다. 아무것도 준비되지 않은 영안실에 사람들이 몰려왔다. 멍한 상태로 접수대에서 일손을 도왔다. 실제가 아닐 거라고, 꿈일 거라고. 그러다가 형의 웃고 있는 영정 사진을 보는 순간, 형을 이제 다시 볼 수 없다는 것이 실감되기 시작했다. "정진아, 이 음반 들어 봤니?" 하는 그 음성을 다시는 들을 수 없다는 것도.

"이게 뭐야, 형!"

주체할 수 없이 눈물이 쏟아졌다.

필라델피아에 있는 템플 유니버시티에서 지휘 전공 석사과정 오디션이 있었다. 오디션 곡은 "In Remembrance"였다. 캐나다의 여성 작곡가 엘리노어 데일리의 레퀴엠 7악장 가운데 제4악장이었다. 레퀴엠은 죽은 자를 위한 미사곡이다. 잘 알려져 있지는 않지만 템플 대학 합창단이 즐겨 부르는 곡으로, 지휘 전공자들의 실력을 가늠하기 위해 선택한 모양이었다. 나는 처음 보는 곡이었다.

내 무덤에 서서 울지 마렴

난 거기 없어, 거기에 잠든 것이 아니란다

나는 저기 부는 수만 개의 바람이고

눈 위에 다이아몬드처럼 빛나는 반짝임이란다

저 논밭에서 태양빛으로 타오르는 곡식이고

포근한 아침에 내리는 비란다

네가 아침의 속삭임에 깨어날 때

나는 원을 그리며 조용히 날아오르는 어여쁜 새란다

나는 한밤에 빛나는 작은 별

내 무덤 앞에 서서 울지 마렴

난 거기 없어, 난 죽지 않았단다

오디션이란 것을 잊어버렸다. 곡에 푹 빠져 지휘를 하다가 내가 울음이 나올 뻔했다. 수현 형의 장례예배와 그 자리에 참석했던 모든 이들에게, 그리고 나에게 형이 들려주고 싶었던 목소리가 이 노래 가운데 있었다. 그날은 오디션이라는 부담에서 벗어나 가장 자유로웠다. 결과적으로는 다른 대학에서 학위를 했지만, 내 지휘에 맞춰 노래했던 합창단원들도 음악 이상의 어떤 교감을 느꼈을 것이다.

수현 형과 나는 진정한 찬양이 무엇인지에 대해 이야기를 많이 나눴다. 우리가 좋아하던 음반이 있었다. 영국의 지휘자 존 엘리어트 가디너의 〈바흐 칸타타〉였다. 바흐 서거 250주년을 일 년 앞둔 1999년, 가디너는 아무도 시도하지 못했던 일을 시작했다. 교회절기에 맞춘 예배용 음악인 바흐의 칸타타 전곡을 해당 곡의 절기, 날짜에 맞추어 유럽의 교회를 순례하면서 일 년 동안 연주를 하는 것이었다. "다섯 번째 복음기자"라고 불리는 바흐의 영적인 음악을, 교회 현장에서, 회중들과 교감하면서 녹음한 이 앨범은 세계적으로 큰 이슈가 되었다. 이 녹음에 참여했던 베이스 파트의 헨첼은 "힘든 여정이었지만 이것은 하나의 예배였다."라고 그의 연주일지에서 말하고 있다.

이 음반의 리뷰를 쓰면서, "나도 이런 경험을 할 수 있다면 소원이 없겠다."라고 했다. 수현 형은 우리가 이런 열정과 탐구로 찬양을 찬양되게 하자면서, "That's why we're here!"(우리가 여기 있잖아)라고 답글을 달았다. 나는 〈바흐 칸타타〉로 박사학위를 받았다.

지난해 한국에 돌아온 나는 12월 6일, 남대문교회에서 '말씀과 캐럴 예배'를 지휘했다. 베스퍼스합창단과 함께였다. 이 예배는 영국 케임브리지에 있는 킹스칼리지에서 1918년부터 계속된 음악 예배였다. 아담의 원죄부터 이사야의 예언, 요한복음의 성육신의 신비에 대한 아홉 개의 말씀 사이사이에 캐럴을 불렀다. 중간에 박수 없이 바흐의 "만백성 모두 기뻐해" 오르간 후주로 끝났다. 생각보다 회중들의 반응이 좋았다.

예배 안에서 예배음악을 연주하며, 우리가 박수를 받는 게 아닌 함께 하나님께 올려 드리는 음악을 하는 나의 꿈. 이제 걸음마를 시작했다. 수현 형이 살아 있었으면 가장 기뻐해 주었을 텐데.

형, 천국에서 더 좋은 음악 듣고 있지요? 보고 싶다.

예수님 사전에
우연은 없다

아무 생각 없이 겨울옷을 입고 집을 나섰다가는 머쓱하기 십상인 3월 첫째 주일이었다. 젊은이예배를 드린 뒤 오늘 교회에 처음 데리고 나온 지체들을 청년부로 보내 놓고 부지런히 교회 소강당으로 향했다. 주일 오후마다 교회에서 있었던 영화 상영이 봄맞이 프로그램 개편과 더불어 중단되면서 각 문화사역팀이 그 시간을 담당하게 되었는데 우리 예흔팀에게 그 첫 기회가 주어졌다.

미리 와서 자리를 채우고 계신 어르신들 가운데는 예흔에 관심이 있어서라기보다는 교회의 저녁 프로그램까지의 빈 시간을 때우기 위해 오신 분들이 더 많으셨다. 하지만 주님의 사전에 '우연'이란 존재하지 않는다.

교회문화사역 팀장인 공덕호 집사님이 예흔 모임에 대해 소개를 했고, 나는 함께할 비디오, 돈 모엔 목사의 〈God with Us〉에 얽힌 나의 간증을 짤막하게 나누었다. 불은 꺼지고 예배는 시작되었다.

내가 이 비디오를 얼마나 봤을까? 못해도 60-70번은 족히 보지 않았을까? 처음으로 이 비디오의 소문을 듣고 수소문해서 구했던

96년 말부터 혼자서는 물론이고, 대학부 후배들, 혹은 두세 명을 데리고 비디오방에 가서도 보고, 교회 찬양대 연습시간을 이용해 찬양대 어른들과 함께 보기도 했다. 그때마다 사람들에게 역사하시는 하나님의 손길을 보면서 역시 '예배는 공통언어'라는 확신을 가졌다.

오늘의 회중은 지금까지 만났던 사람들과는 분위기가 아주 다른 장년과 노년층 분들이 주류였지만 분명 주님께서는 이분들에게도 말씀하실 것을 믿었다. 다 같이 박수를 치는 장면에서는 어색해들 하셨지만, 어둠 가운데서도 나직하게 들리는 아멘의 고백과 집중하는 분위기는 동일한 장소와 시간에 예흔을 처음 시작하던 98년도보다 훨씬 성숙했다.

예배가 끝나고 내가 간단히 메시지를 전했다. 이어 공덕호 집사님이 울컥하며 떨리는 목소리로 감동을 전하실 때 사람들의 마음이 더욱 움직였다. 집사님이 수고로이 섬겨 준 젊은이들을 통해 은혜로운 시간을 가질 수 있었다며 함께 기도해야 한다고 하셨다. 내 마음도 뜨거워졌다. 하나님은 예흔팀의 작은 섬김을 통해 또 한 분의 마음 문을 여셨고 그분의 음성을 듣게 하셨다.

모든 순서가 끝나고 여러 어르신들이 오셔서 성경 66권에 걸친 예수 그리스도의 함께하심에 대한 내레이션("Name above all names"[모든 이름 위에 뛰어나신 주])이 너무 은혜로웠다며 그 내용을 얻을 수 없겠냐고 물으셨다. 사실 예상했던 부분이었는데 시간에 쫓겨 준비하지 못한 것이다. 다음 주에 복사해서 소강당에 비치해 놓겠다고 했다. 함께 중보해 준 예흔팀에게 감사한다. 특히 부족한 음향과 영상을 최적으로 만들어 준 달우와 성식 형. "You are the best!"

엘 샤다이,
하나님은 능력이시라

디누 리파티, 에프게니 므라빈스키, 한스 크나퍼츠부슈, 자네트 느뵈…. 이런 클래식 음악의 거장들이 혼신의 힘을 다해 음악의 선율을 풀어내는 가운데 그들을 전율하게 했던 그 영혼의 치열함을 찬양 음반에서는 좀처럼 찾기가 어렵다. 이는 단순히 연주자들의 수준 문제만은 아니다. 대부분 찬양곡은 간결한 선율을 취하는데다, 이에 대한 고전음악적인 접근이나 변용에 대해 관심 있는 클래식 편곡자와 연주자가 적은 탓이기 때문이다. 간결한 콰르텟 선율에서 하나님과의 친밀함을 발견할 수도 있지만, 편안한 카페 음악 비슷한 연주음반으로 마냥 만족할 수만은 없다. 음악적인 탁월함과 깊은 신앙이 조화된, 다시 말해 진정성으로 충만한 음악을 향한 목마름. 나는 이를 해갈시켜 준 음반을 하나 소개하고 싶다.

바이올린을 전공한 사람이 갤러미안과 도로시 딜레이를 두루 사사했다고 하면 보증수표를 얻은 것이나 다름없다. 그만큼 이 두 사람은 수많은 유명 연주자를 키워 낸 탁월한 스승들이다. 정경화, 김영욱, 이자크 펄만, 장영주, 강동석, 나이젤 케네디, 미도리 등 20세기 후반 세계 바이올린계를 휩쓸었던 이들이 모두 이들의 지도를 받았던 사람들이다. 오늘 소개할 모리스 스클라는 음악적인 유산을 이어받은 유대계 러시아인으로 역시 동일한 엘리트 코스를 밟아 온 사람이다.

모리스 스클라는 루이지애나 주 뉴올리언스에서 태어났다. 4세에 바이올린을 잡기 시작하여 9세부터 여러 상을 수상했다. 15세에 줄리어드 음악학교에 입학한 후 커티스 음대를 장학생으로 졸업했다. 커티스 음대에서 이반 갤러미안을, 이후에는 도로시 딜레이에게 사사했고 86년 국제 신인연주자 오디션에 입상했다.

뉴욕과 워싱턴에서 데뷔 무대를 갖고 성공을 향해 치닫던 그에게 어두운 그림자가 덮쳤다. 성공해야 한다는 강박관념에 시달리다 사탄의 공격을 받게 되었다. 거기에 어린 시절의 쓴 뿌리까지 뒤엉켜 일 년이 넘도록 격심한 내면적 고통을 겪게 된 것이다. 성공적으로 연주회를 마치고 돌아와서는 자살 충동과 싸우기를 일 년여, 마침내 기도를 통해 모든 죄와 저주의 사슬을 끊고 치유와 회복을 경험하게 된 그는 자신의 재능을 주님께 온전히 드리기로 결정한다.

그를 여타 클래식 연주자들과 구별되게 하는 것은 그 외의 활동이다. 우리는 그의 모습을 폴 월버의 '샬롬 예루살렘' 집회 현장, 베니 힌 목사와 인테그리티 예배인도자들이 함께한 힐링 집회 현장에서 만난 바 있다. 또한 말씀을 증언하는 일에도 힘써 특히 유대인들을 회심시키는 데서 많은 열매를 맺고 있다. 그는 오랄 로버츠 대학의 바이올린 교수로 재직하면서 유수의 교향악단과 협연하며 클래식 음악이 하나님의 영광을 돌리는 데 사용되도록 하는 비전을 나누고 있다.

〈엘 샤다이〉는 1994년 모리스 스클라가 인테그리티 사와 처음으로 계약을 맺고 녹음한 음반이다. 피아니스트이자 편곡자인 래리 달튼이 직접 런던 내셔널 필하모닉 오케스트라를 지휘하여 협연한 이 음반은 클래식 음악에 심취했던 나의 회귀본능을 자극하는 명반으로 손꼽을 만하다. 래리 달튼의 손끝에서 훌륭한 클래식 넘버로 탈바꿈한 기존의 찬양곡들은 모리스 스클라를 통해 여느 클래식 연주를 듣는 착각에 빠지게 한다. 우리는 그의 활 놀림 속에서 연단을 겪음으로 한 단계 성숙해진 한 비르투오소(Virtuoso, 뛰어난 연주 실력을 가진 대가)의 영혼의 울림을 듣는다.

클래식 음반을 고를 때 아직까지 풀기 힘든 숙제 중의 하나는 성가곡 음반을 구입할 때다. 카라얀이나 아바도 등 유명한 지휘자들과 일류 합창단의 음반은 수없이 많다. 빼어난 연주로 감동을 불러일으킬 음반들의 리스트가 이미 나와 있다. 하지만 이들이 하나님을 찬양하고자 하는 간절한 마음을 담아 녹음한 것일까 아니면 상업적인 판매를 위해 최선을 다한 것일까를 생각하다 보면 한참을 서성이다 빈손으로 뒤돌아서게 되는 경우가 적지 않다.

우리들의 교회를 생각해 본다. 교회 안에 있는 수많은 음악 전공자들-성악, 피아노, 관악, 작곡 등-은 그들의 신앙이 무르익기도 전에 교회의 필요에 의해 이곳저곳을 전전하며 그들에게 주어진 달란트를 사용하게 된다. 해를 거듭할수록 그들의 음악적 역량은 성장할지 모르나 많은 경우 신앙적인 성장은 답보 상태에 머문다. 그들의 음악이 성도들의 귀를 즐겁게 할지는 모르나 성도들의 마음을 주님 앞으로 온전히 쏟아 놓도록 이끌지는 못한다. 그렇게 자칫 교회가 클래식 공연장이 되는 것도 종종 경험한다. 찬양은 감상을 위한 음악 그 이상이 아닌가? 음악적인 탁월함과 깊은 신앙의 조화, 우리가 함께 풀어 가야 할 영원한 숙제인 것 같다.

소명자는 낙심하지 않는다

옥한흠 목사님의 책 『소명자는 낙심하지 않는다』를 다 읽었다. 하나님께서는 다시 한 번 우리의 섬김이 의미가 있고 감당할 이유가 있음을 이 책을 통해 확인시켜 주셨다.

지난달 예흔 예배에는 스태프를 제외하고 10명 정도의 사람들이 함께했다. 지난달에 비하면 힘 빠지게 적은 숫자다. 하지만 2000년 11월에 모였던 딱 3명에 비하면 적어도 세 배가 넘는 사람들이 왔다. 아무렇지도 않은 듯 무마하려는 말이 아니다. 예흔은 한 사람이라도 예배를 통해 하나님을 더 가까이 만나게 해줄 수만 있다면 그 자체로 의미가 있다고 다짐하면서 이 길을 걷기로 한 이들이 아닌가?

예흔의 모든 스태프가 이 사역에 헌신하는 데에는 소명이 있다고 확신한다. 그렇지 않고는 이 고단한 일들을, 그것도 한두 번이 아니라 매달 이어 나가기란 불가능하기 때문이다. 비록 우리의 죄 된 본성과 부족함이 이 부르심을 흩뜨리는 경우가 있지만, 그래도 주신 소명은 변하지 않는다.

예흔 안에서 각자 하는 일은 다르지만 그 중요성은 경중을 가릴 수 없다. 그 사람만이 할 수 있는 일, 그 사람이 맡음으로 가장 잘할 수 있는 일들이 각자에게 주어졌기 때문이다. 그렇게 함께한 발자취들은 소중하기만 하다.

그동안 예흔이 이 길을 걸어올 수 있었던 원동력은 매달 드리는 예배를 준비하면서 그 가운데 준비하는 이들만이 누릴 수 있는 은혜 때문이었다. 다시 그 은혜를 회복하고, 위로부터 내려오는 순전한 은혜를 사모하고 받을 때가 되었다. 소명자의 양심을 재확인해야 한다.

예흔 예배가 얼마나 더 드려질지, 어떤 방향으로 더 발전하고 쓰임을 받을지, 얼마나 많은 사람들이 더 이곳을 찾게 될지, 우리 각자의 삶은 앞으로 어떤 길로 인도함을 받을지 아무도 모른다. 하지만 중요한 것은 현재 우리를 한곳으로 모으시고 부르신 그 부르심에 민감하고 부르심을 받들어야 한다는 것이다. 한두 사람의 어깨에만 짐을 지워 주는 것이 아니라, 더불어 길을 걸어가기 원하시는 그분의 마음을 함께 나누어 가졌으면 한다. 주님께서 허락하시는 주님의 때까지.

진정한 소명자는 부흥 콤플렉스에 희생당하지 않습니다. 진정한 소명자는 사람 수가 많고 적음에 흔들리지 않습니다. 이 사실을 진정으로 고백할 수 있다면 여러분은 소명받은 사람입니다. 성경에는 사역의 생명이나 성공이 수적인 부흥과 밀접한 관계가 있다고 우리에게 확신을 주는 단서는 하나도 없습니다. 교회 성장에 있어서 양적인 성장은 우리가 항상 염두에 두고 기도해야 될 제목이지만, 그 양적인 성장이 목회의 성공이냐 실패냐 하는 것을 가늠하는 잣대는 아닙니다. 심지어 우리가 소명자냐 아니냐를 평가하는 기준이 못 된다는 것입니다. 진짜 하나님의 소명에 귀

기울이면서 하루하루를 사는 사람은 한 분의 청중(Audience of One), 유일한 청중 앞에서 살아남는다고 오스 기니스는 말했습니다. 소명자는 그분 앞에서 내가 누구냐를 물으면서 항상 나 자신을 점검하고 채찍질하는 사람이지 눈앞에 보이는 숫자가 얼마냐를 가지고 자기를 점검하는 사람이 아니라는 것입니다.

…저는 저에게 아직 소명자의 양심이 있다는 것을 확인했습니다. 하나를 위해서 생명 걸 수 있습니다. 한 영혼을 위해서 죽으라면 죽을 수 있다는 내 양심의 소리가 있다는 것을 저는 알았습니다.

―옥한흠, 『소명자는 낙심하지 않는다』

주님께서 기뻐하신다면

처음 내가 예수전도단의 음반을 귀담아들었던 것은 〈VISION〉 앨범이었다. 왜 귀에 들어왔냐면 플랫음이 계속해서 들리는 데에 대한 거슬림이었다. '아니, 이 팀은 이런 걸 그냥 담아서 음반을 만들었네' 하고 중얼거리면서.

하지만 플랫음이 그렇게 많음에도 불구하고 그 찬양은 내 마음을 움직이고 뜨겁게 달아오르게 했다. 그 음반이 정식 예수전도단 찬양팀이 아닌 아마추어 간사님들의 목소리였다는 것을 알게 된 것은 나중 이야기였다. 그 아마추어적인 소리가 오히려 그 음반을 더욱 살아 있게 한 것 같았다. 음악적으로는 조금 모자란 듯했지만, 그 속에 살아 있는 생명력은 그 부족함을 감당하고도 남았다. 그리고 다음 앨범 〈지성소〉를 거쳐 〈부흥〉을 만났다. 무척 기다리던 음반이었다.

이 음반을 구입한 날, 도서실에 앉아 있는데 내내 공부를 할 수 없었다. 처음 나의 마음을 두드린 곡이 바로 이무하 씨가 부른 "땅 끝에서"라는 곡이었다. 듣고 또 듣고…. 다음 곡으로 넘어갈 수가 없었다.

주께서 주신 동산에 땀 흘리며 씨를 뿌리며

내 모든 삶을 드리리 날 사랑하시는 내 주님께

비바람 앞을 가리고 내 육체는 쇠잔해져도
내 모든 삶을 드리리 내 사모하는 내 주님께

땅 끝에서 주님을 맞으리 주께 드릴 열매 가득 안고
땅 끝에서 주님을 뵈오리 주께 드릴 노래 가득 안고

땅의 모든 끝 찬양하라 주님 오실 길 예비하라
땅의 모든 끝에서 주님을 찬양하라
영광의 주님 곧 오시리라

나는 두 가지를 생각했다. 한 가지는 '주님을 만날 때 드릴만한 무엇이 내게 있는가? 나는 그것을 위해 무엇을 준비하고 있는가?'였다. 또 하나는 이 노래를 부르고 있는 사람의 말을 들어 보면 결코 그의 육신이 편안치 않은 상태임을 알 수 있는데, '육신이 쇠잔해져도 내 삶을 모두 드리겠다는 마음이 내게 있는가?'라는 질문이었다.

육신이 피곤하면 이내 하나님을 잊어버리는 나.

땅 끝을 바라보기보다 눈앞의 한순간을 위해 더 큰 것을 아낌없이 버리는 우를 범하는 나의 모습.

과연 그 가운데 주께 드릴 열매는 어떻게 익어 가고 있는지, 주님을 만날 때가 기쁨이 아니라 부끄러움과 두려움으로 차게 되는 것은 아닐지.

참으로 이 노래의 가사가 내 고백이 되기를 기도했다.

"내 육신은 쇠잔해져도 주님께서 기뻐하신다면 내 몸을 드리겠나이다. 주님."

그러니까 아끼지 말고 사랑하기를

심현준

학부 때였다. 교회 대학부 찬양팀 동기, 후배들과 함께 영락교회 지하 소극장에 간 적이 있다. 호산나 인테그리티 찬양과 경배 실황 영상을 보기 위해서였다. 시작하기 전, 말끔하게 차려입은 청년 하나가 앞으로 나왔다.

"이번에 볼 영상은 Ron Kenoly의 〈Majesty〉입니다. 예수님이 다시 왕으로 재림하실 때를 바라보며 오실 주님을 찬양하는 곡들입니다."

그는 보게 될 영상과 각 노래들이 어떤 의미가 있는지 설명해주었다.

'오, 저 사람이 그 사람인가?'

전부터 호산나에서 새 앨범이 나오면 전문가적으로 글을 써서 올리는 사람이 있다는 걸 알고 있었는데, 그날 나는 그 사람을 처음 본 것이다.

"저는 이 영상을 단지 보기만 하는 게 아니라 보면서 함께 예배드리길 원합니다."

그 청년은 이렇게 말을 맺었다. 그날따라 그랬는지, 아니면 원래 그랬는지 관객석은 썰렁했다. 우리들 이외엔 몇 명 없었다. 그러나 그는 객석의 사람들 숫자에 전혀 개의치 않는 듯 했다. 표정은 진지하고 성실했다. 나는 그것이 정말 인상적이었다.

2003년 2월, 육군 제3사관학교에 입소했다. 13중대 내무반에 들어가 짐을 내려놓고 어색하게 서있는데, 누가 내 등을 탁 쳤다.

"어디 출신이지?"

아, 그는 예전 영락교회에서 본 그 청년, 안수현 형이었다.

형과 나는 7주 동안 같은 내무반 옆자리에서 함께 지냈다. 밤이면 형은 손전등을 비춰가며 책을 읽거나 뭔가를 썼다. 형에게는 매일의 생활과 느낌을 적는 것이 중요했다.

'형은 뭐 그렇게 쓸 게 많을까?'

나중에 형이 죽고 난 후, 그 글들이 엮어져 책이 되었다는 것을 알았다.

어느 주일, 충성대교회에서 예배를 드린 후 크리스천인 훈육대장님이 후보생들을 모아놓고 권면하는 시간을 가졌다. 마칠 때쯤 훈육대장님은 우리를 둘러보며 말했다.

"누가 나를 도와서 동료들을 위해 봉사하겠나?"

아무도 손을 들지 않았다. 아직 낯설기도 하고 고된 훈련 중에 부담스러웠을 것이다.

"아무도 없나?"

잠잠······. 나라도 해야 하나? 손을 들까 말까 망설이는데 뒤에서 누군가 대답을 했다.

"제가 하겠습니다."

역시 안수현 형이었다.

사순절 기간에 형은 맥스 루케이도의 〈예수가 선택한 십자가〉 영상을 가지고 와 후보생들에게 보여주었다. 내용이 그리 잘 와 닿지 않았는지 동료들의 반응은 무덤덤했다. 그러나 형은 내가 처음 영락교회에서 봤던 그 모습과 다르지 않았다. 조금도 주눅 들지 않고 끝까지 꿋꿋하게 내용을 소개했다.

아마도 3월이었던 것 같다. 작은 산 위에 위치한 유격훈련장은 산바람이 매서웠다. 눈이 녹아 차갑게 질퍽거리는 웅덩이와 진흙 바닥에서 뒹굴며 훈련을 받았다.

훈련이 끝나고 저녁에 샤워장에서 씻고 나왔는데 누가 신고 가버렸는지 내 슬리퍼가 보이지 않았다. 맨발로 내무반까지 갈 수도 없고, 간다 해도 그곳에는 다시 씻을 곳이 없었다. 주위에 나를 도와줄 사람이 아무도 없어 매우 춥고 떨리는 상태에서 정말 어쩔 줄 몰랐다. 우여곡절 끝에 내무반으로 돌아온 나는 내 자리가 아닌 곳에 놓인 내 슬리퍼를 발견하고서 극도로 화가 났다.

"누굽니까? 누가 내 슬리퍼를 신고 갔습니까? 내가 얼마나 큰 곤란을 겪었는지 아십니까?"

한 100여명 쯤 잘 수 있는 내무반 가운데서 큰 소리를 지르며 화를 냈다. 분을 삭이지 못해 무슨 일을 저지를 수도 있을 것 같았다. 그때 누가 내 등을 툭툭 쳤다.

"가자."

수현 형이었다. 형을 보는 순간, 그렇게 치밀어 올랐던 화가 가라앉았다. 나는 순순히 형을 따라갔다. 형은 그런 상황에서 나를 다독여줄 수 있는 사람이었다.

수현 형은 언제나 그리스도인이었다. 군인 이전에 그리스도인이고, 의사 이전에 그리스도인이었다. 형에게 환자들과, 병사들과, 동료들은 그리스도 안에서 형제 자매였고, 자신을 통해 하나님의 은혜와 사랑이 흘러가길 바랐다. 형의 그런 소명이 아무리 적은 청중들 앞에 서 있어도 개의치 않고 꿋꿋하게 자신의 길을 걸어가게 했을 것이다.

그 후 28사단 의무대까지 2년 가까이 같이 복무했던 형을 생각하면 떠오르는 모습들이 있다. 식사시간이면 밥 퍼주는 일에 자주 봉사하던 것, 최전방 GOP로 실습을 나가 병사들과 하루 밤을 같이 지냈을 때 거기서 만난 병사에게도 선물을 하던 것, 내무반의 험한 입담들을 포용력 있게 순화시키던 것, 훈련이 끝나면서 입고 있던 장교용 깔깔이를 걷어 추위에 고생하는 기간병들에게 주자고 하던 것, 금연 규칙을 깨고 담배 피다 걸린 병사를 무섭게 혼을 내던 것, 거친 운전솜씨, 은근히 멋을 내는 형이 임관하자마자 촌티 나는 보급품 대신 각이 딱 잡힌 전투모를 새로 사던 것들이다. 그러나 가장 기억에 남는 것은 어떤 순간에도 "나는 네 편이야"하듯 어깨를 툭툭 쳐주던 형의 모습이다.

28사단 의무대에서 1년 8개월을 같이 보냈을 무렵 형이 내게 준

엽서에는 이렇게 적혀있다.

"우리가 원하는 대로 삶의 궤적이 흐르지 않더라도 그분의 뜻 가운데 있는 한 우리의 삶은 '형통하다'는 것이 주님의 생각이신 것을."

형이 소천한 지 12년이 지났지만, 나는 아직도 현충원에 가질 못한다. 장례식장에서 나는 많이 울었다. 내게 주기만 하고 갚을 수도 없는 곳으로 가버린 형이 안타깝고 미안해서. 행군하기 전 물집 생기지 말라고 발에 붙이던 면 플라스터를 조금밖에 떼어주지 못한 것이 미안하고, 형과 함께 오래 지내면서도 닮아가지 못했던 내가 슬퍼서 울었다. 형의 유품을 챙기던 동료 군의관과 전화를 하면서 수현 형이 누군가에게 선물하려고 준비했지만 미처 전달하지 못한 책이 있다는 말을 듣고 또 울었다. 형이 살아있던 때로 돌아갈 수만 있다면 나는 정말 아무것도 아끼지 않고 형에게 다 주고 싶다. 형은 이렇게 나를 가르치려고 그렇게 일찍 하늘나라로 간 것은 아닐까?

"그러니까 살아있을 때 아끼지 말고 사랑하렴."

에필로그
아직도 살아있는 소명의 흔적들을 펴내며

엮은이 **이기섭**

    그 청년 바보의사의 두 권의 책을 개정해서 펴냅니다. 발간한 지 시간이 많이 지나 수정과 보완할 곳이 생겼고, 지금의 젊은이들에게 맞춰 읽기 쉽게 내용을 다듬기로 했습니다.

    안수현 형제의 글을 엮은 첫 번째 책 『그 청년 바보의사』가 하나님을 모르는 사람들에게 다가가기 위한 것이었다면, 두 번째 책 『그 청년 바보의사, 두 번째 이야기』는 그리스도인들을 위한 것입니다. 수현 형제가 의사로서 썼던 글도 감동적이지만, 신앙에 관한 글들과 전문가 못지않은 해박한 지식으로 쓴 서평, 클래식음악 소개글, 영화평, CCM에 관한 글들도 우리의 영성과 지성을 돕는 훌륭한 글들입니다.

    『그 청년 바보의사, 두 번째 이야기』는 첫 번째 책에 비해 쉽게 책장이 넘어가지 않습니다. 그러나 그리스도인이라면 그 청년이 읽었던 신앙의 책을 찾아서 읽고, 그가 소개하는 찬양을 들으면서 수현 형제가 생전에 했던 신앙의 모험과 실험을 따라 주님을 향해 힘차게 첫 걸음을 뗄 힘을 얻게 됩니다. 마치 책으로 여는 부흥회와 같을 것입니다.

두 책을 낸 계기는 소박했습니다. 첫 번째 책은 수현 형제가 갑자기 소천한 후, 그가 남긴 삶의 자취들을 기억하고자 고대 의대 선배들와 동료들이 모은 돈으로 출간을 했습니다. 두 번째 책은 첫 번째 책을 엮고 남은 주옥같은 글들이 세상에서 사라지는 것이 너무 아까워 펴낸 것입니다.

기대하지도 않았는데, 하나님의 은혜로 이 책들은 많은 사람들의 사랑을 받았습니다. 어떤 불교신자는 서평에 이런 훌륭한 의사의 글은 종교를 떠나 누구나 읽어야한다며 추천의 글을 올리기도 했고, 하나님을 멀리 떠났다가 다시 신앙을 회복한 분들의 글과, 이 형제가 믿는 하나님이라면 기독교를 싫어하는 자신도 한 번 믿어보고 싶다는 댓글들이 수없이 달렸습니다.

첫 번째 책과 두 번째 책을 엮으면서 제가 만난 안수현 형제는 모든 일에 하나님을 제일 앞에 두고, 하나님 보시기에 좋은 일을 하고 싶어 분투한 청년입니다. 분투했다는 것은 부족한 가운데서도 애를 썼다는 것이지 그가 성자거나 완벽한 인격자라는 것은 아닙니다. 실수와 좌절도 있었지만 순수한 열정으로 예배와 찬양을 사랑했고, 약하고 소외된 사람들을 돌보려 최선을 다했던 그의 모습이 예수님의 사랑을 증거하고 있다는 것이지요.

수현 형제를 하나님께 먼저 보낸 후, 그를 사랑했던 사람들은 매해 1월 초 현충원 충혼당에서 추모모임을 가집니다. 이 자리에서는 2010년부터 책의 인세로 시작한 안수현장학회 장학금수여식이 열립니다. 2018년까지 28명의 학생들이 이 장학금의 도움을 받았고, 제1기 수여자는 의대교수가 되었습니다. 선배들은 물론이고 후배들도 이제는 머리카락이 희끗희끗해지는데 영정사진 속 수현 형제는 여전히 청년의사로 남아있습니다. 그의 힘 있는 신앙의 메시지처럼 말입니다.

아들을 천국에 보낸 후, 수현 형제의 어머니 한효순 권사님은 건강이 많이 상하셨습니다. 아들을 대신한 그의 동료와 후배들의 도움으로 여러 차례 수술을 받으시고 지금은 사당에서 을지로까지 전철을 타고 교회에 다니실 정도로 건강해지셨습니다. 아버지 안봉순 장로님은 수현 형제가 홈페이지에 남긴 글을 읽기 위해 컴퓨터를 배우기 시작했는데, 이제는 사당동 주민센터 컴퓨터반 도우미로 봉사하고 있을 정도로 실력이 좋아지셨습니다.

세월이 많이 흘렀어도 아들 얘기를 하면 눈시울부터 붉히시는 두 분은 아직도 수현 형제 이야기로 만든 드라마와 영화, 연극을 차마 보지 못하십니다. 부모님에게는 아들이 남긴 『그 청년 바보의사』책 두 권과 "안수현장학회"의 장학생들, 매년 추모식이면 찾아오는 수현 형제의 사랑하는 지체들이 큰 위로가 될 것입니다. 봄꽃과 여름의 녹음, 가을의 낙엽 쌓인 현충원 산책길에서 두 분의 모습을 오래오래 뵙기를 기도합니다.

두 권의 책이 나오기까지 인터뷰와 편지로 도와주신 모든 분들에게 고마운 마음을 전합니다. 특히 사진과 예흔 자료를 정리해주신 박성식 님과 김선희 님의 수고에 감사드립니다. 책에 나오는 수현 형제가 사랑했던 형제, 자매들의 글들은 작가인 제가 인터뷰한 내용을 가지고 정직하게 엮은 것입니다.

안수현 형제의 글들이 같은 소망을 품고 살아가는 우리들에게 그리스도의 살아있는 위로와 소명의 흔적이 되기를 바랍니다.

안수현의 서재

여기에 실린 책은 『그 청년 바보의사』, 『그 청년 바보의사, 두 번째 이야기』, 안수현의 미니홈피에서 발췌하였습니다.

고든 맥도날드, 『남자는 무슨 생각을 하며 사는가?』(IVP, 1999)
___ 『내면 세계의 질서와 영적 성장』(IVP, 2003)
___ 『마음과 마음이 이어질 때』(IVP, 1994)
___ 『무너진 세계를 재건하라』(비전북, 2006)
___ 『베푸는 삶의 비밀』(IVP, 2003)
___ 『영적 성장의 길』(두란노, 2005)
___ 『영적인 열정을 회복하라』(비전북출판사, 1998)
___ 『하나님이 축복하시는 삶』(IVP, 1996)
김동호, 『스티그마』(규장, 2000)
김민웅, 『물 위에 던진 떡』(한국신학연구소, 1995)
김서택, 〈창세기 강해 설교〉 시리즈(홍성사, 1998)
김양재, 『복 있는 사람은』(두란노, 2004)
김영애, 『갈대상자』(두란노, 2004)
달라스 윌라드, 『하나님의 모략』(복있는사람, 2000)
데이비드 스툽, 『몰라서 못하고 알면서도 안 하는 용서 이야기』(예수전도단, 2005)

데이비드 제러마이어, 『내 마음의 소원』(SFC출판부, 2003)

도로시 클라크 윌슨, 『하나님의 열 손가락』(좋은씨앗, 2010)

디트리히 본회퍼, 『나를 따르라』(대한기독교서회, 1990)

___ 『시편 이해』(홍성사, 2007)

___ 『옥중서간』(대한기독교서회, 2000)

___ 『신도의 공동생활』(대한기독교서회, 2002)

래리 크랩, 『내 영혼은 이런 대화를 원한다』(사랑플러스, 2004)

리 스트로벨, 『사랑하는 사람이 하나님에게 무관심할 때』(좋은씨앗, 2005)

리처드 램, 『졸업 그 이후』(IVP, 2001)

릭 워렌, 『목적이 이끄는 삶』(디모데, 2003)

마이클 카드, 『동행: 진정한 멘토에 관한 이야기』(죠이선교회, 2004)

마크 스트롬, 『성경교향곡』(IVP, 1993)

마크 애터베리, 『삼손 신드롬』(이레서원, 2005)

매트 레드맨, 『하나님 앞에 선 예배자』(죠이선교회, 2002)

맥스 루케이도, 『감사』(가치창조, 2009, 개정판)

___ 『너는 최고의 작품이란다』(두란노, 2003)

___ 『너는 특별하단다』(고슴도치, 2002)

___ 『목마름』(두란노, 2005)

___ 『아주 특별한 사랑』(두란노, 2003)

___ 『예수가 선택한 십자가』(두란노, 2001)

___ 『예수님을 경험하는 영성훈련』(두란노, 2003)

___ 『예수님처럼』(복있는사람, 2003)

___ 『은혜를 만끽하는 비결』(규장문화사, 1997)

___ 『주님 주시는 약속의 말씀』(복있는사람, 2004)

___ 『짐을 버리고 길을 묻다』(좋은씨앗, 2002)

미우라 아야코, 『빙점』(홍신문화사, 2011, 개정판)

___ 『빛 속에서』(가톨릭출판사, 2004)

바실레아 쉴링크, 『당신 곁에 머물겠습니다』(쉴터, 2001)

박성수 외,『나는 정직한 자의 형통을 믿는다』(규장, 2004)

박수웅,『우리… 사랑할까요?』(두란노, 2004)

밥 브리너,『양들, 포효하다』(죠이선교회, 2002)

브라더 앤드류,『하나님의 밀수꾼』(죠이선교회, 2004)

___『하나님의 부르심』(죠이선교회, 2004)

브레넌 매닝,『사자와 어린양』(복있는사람, 2002)

___『그 이름, 예수』(토기장이, 2004)

배평모,『거창고등학교 이야기』(종로서적, 1998)

빌 하이벨스,『너무 바빠서 기도합니다』(IVP, 2004)

설대위,『상처받은 세상 상처받은 치유자들』(IVP, 1997)

셔우드 홀,『닥터 홀의 조선회상』(좋은씨앗, 2003)

송인규,『죄 많은 이 세상으로 충분한가』(IVP, 1984)

스티븐 아터번,『모든 남자의 참을 수 없는 유혹』(좋은씨앗, 2003)

___『남자여 네 신을 벗으라』(두란노, 2004)

___『해로운 믿음』(죠이선교회, 2003)

___『두 번째 기회』(그루터기하우스, 2002)

___『잘 되는 부부 사이엔 뭔가 특별한 것이 있다』(좋은씨앗, 2004)

C. S. 루이스,『네 가지 사랑』(홍성사, 2005)

___『순전한 기독교』(홍성사, 2001)

안병무,『너는 가능성이다』(사계절, 2001)

R. C. 스프라울,『사람이 무엇이관대』(죠이선교회, 1993)

앤디 파크,『하나님을 갈망하는 예배인도자』(IVP, 2004)

어윈 맥매너스,『코뿔소 교회가 온다』(두란노, 2004)

엘리자베스 엘리엇,『영광의 문』(복있는사람, 2003)

___『전능자의 그늘』(복있는사람, 2002)

오스 기니스,『소명』(IVP, 2000)

오스왈드 챔버스,『주님은 나의 최고봉』(토기장이, 2015, 개정판)

옥한흠,『소명자는 낙심하지 않는다』(국제제자훈련원, 2003)

월터 왱어린, 『오직 나와 내 집은』(As for Me and My House)

윈 형제, 『백 투 예루살렘』(홍성사, 2005)

___ 『하늘에 속한 사람』(홍성사, 2004)

유진 피터슨, 『균형, 그 조용한 목회혁명』(좋은씨앗, 2002)

___ 『껍데기 목회자는 가라』(좋은씨앗, 2001)

___ 『다시 일어서는 목회』(좋은씨앗, 2004)

___ 『다윗: 현실에 뿌리박은 영성』(IVP, 1999)

___ 『메시지』(IVP, 2016, 개정판)

___ 『목회 영성의 흐름, 주일과 주일 사이』(좋은씨앗, 2002)

___ 『아침마다 새로우니』(복있는사람, 2004)

___ 『주와 함께 달려가리이다』(IVP, 2003)

___ 『한 길 가는 순례자』(IVP, 2001)

이재철, 『매듭짓기』(홍성사, 2005)

___ 『비전의 사람』(홍성사, 2004)

___ 〈요한과 더불어〉 시리즈(전10권)(홍성사, 2004)

___ 『인간의 일생』(홍성사, 2004)

___ 『청년아, 울더라도 뿌려야 한다』(홍성사, 2001)

___ 『회복의 신앙』(홍성사, 1999)

잭 헤이포드, 『경배』(죠이선교회, 2002)

잽 브래드포드 롱, 『성령의 능력으로 사역하라』(홍성사, 1999)

정연희, 『양화진』(홍성사, 1992)

정진호, 『떡의 전쟁』(홍성사, 2005)

___ 『멈출 수 없는 하늘의 열정』(규장, 2005)

___ 『예수는 평신도였다』(홍성사, 2003)

___ 『치유의 꿈, 루카스 이야기』(홍성사, 2003)

제럴드 L. 싯처, 『하나님 앞에서 울다』(좋은씨앗, 2005)

___ 『하나님의 뜻』(성서유니온선교회, 2001)

___ 『하나님이 기도에 침묵하실 때』(성서유니온선교회, 2005)

조호진, 『압살롬, 뒤틀린 영성의 길』(홍성사, 2002)

존 맥스웰, 『리더를 위한 매일의 약속』(국제제자훈련원, 2005)

존 스토트, 『그리스도의 십자가』(IVP, 2000)

존 파이퍼, 『삶을 허비하지 말라』(생명의말씀사, 2010)

___ 『열방을 향해 가라』(좋은씨앗, 2003)

존 화이트, 『금송아지 예배자』(규장, 2005)

___ 『내적 혁명』(죠이선교회, 1997)

___ 『탁월한 지도력』(IVP, 1991)

___ 『믿음이 이긴다』(생명의말씀사, 2010, 개정판)

진 에드워즈, 『세 왕 이야기』(예수전도단, 2001)

짐 심발라, 『새 바람 강한 불길』(죠이선교회, 1999)

___ 『성령의 웃음소리』(죠이선교회, 2002)

___ 『푸른 믿음』(죠이선교회, 2001)

___ 『하나님이 네게 복 주시기를 원하노라』(죠이선교회, 2002)

찰스 콜슨, 『백악관에서 감옥까지』(홍성사, 2003)

___ 『이것이 교회다』(홍성사, 1997)

카를로 카레토, 『주여, 왜?』(생활성서사, 2003)

캐롤 심발라, 『향기 있는 삶의 노래』(죠이선교회, 2003)

콜린 듀리에즈, 『루이스와 톨킨』(홍성사, 2005)

토니 캠폴로, 『하나님 나라는 파티입니다』(이레서원, 2003)

토마스넬슨출판사, 『손에 잡히는 넬슨 성경개관』(죠이선교회, 2003)

토머스 화이트맨, 『사랑이라는 이름의 중독』(국제제자훈련원, 2004)

트루디 김, 『사랑이 부푸는 파이가게』(조선일보사, 2002)

폴 투르니에, 『귀를 핥으시는 하나님』(비전북, 2017, 개정판)

___ 『모험으로 사는 인생』(IVP, 2005, 개정판)

필립 얀시, 『고통이라는 선물』(두란노, 2001)

___ 『교회, 나의 고민 나의 사랑』(요단출판사, 2000)

___ 『나를 지으신 하나님의 놀라운 손길』(생명의말씀사, 2002)

___ 『내가 고통당할 때 하나님 어디 계십니까?』(생명의말씀사, 2001)

___ 『내가 알지 못했던 예수』(요단출판사, 1998)

___ 『놀라운 하나님의 은혜』(IVP, 2003)

___ 『뜻밖의 장소에서 만난 하나님』(두란노, 2000)

___ 『아, 내 안에 하나님이 없다』(좋은씨앗, 2000)

___ 『하나님, 나는 당신께 누구입니까?』(요단출판사, 2001)

___ 『하나님, 당신께 실망했습니다』(좋은씨앗, 2000)

___ 『하나님이 나를 외면할 때』(예수의사람들, 2001)

프레드릭 뷰크너, 『통쾌한 희망사전』(복있는사람, 2005)

헨리 나우웬, 『거울 너머의 세계』(두란노, 1998)

___ 『꼭 필요한 것 한 가지, 기도의 삶』(복있는사람, 2005)

___ 『로마의 어릿광대』(가톨릭대학부출판부, 2004)

___ 『마음에서 들려오는 사랑의 소리』(바오로딸, 2001)

___ 『예수님을 생각나게 하는 사람』(두란노, 2011, 개정판)

___ 『상처 입은 치유자』(분도출판사, 2002)

___ 『데이브레이크로 가는 길』(포이에마, 2014, 개정판)

___ 『여기 지금 우리와 함께 하시는 하나님』(은성, 2002)

___ 『열린 손으로』(성바오로출판사, 2003)

___ 『영성에의 길』(IVP, 2002)

___ 『영적 발돋움』(두란노, 1992)

___ 『이는 내 사랑하는 자요』(IVP, 2002)

___ 『자비를 구하는 외침』(한국기독교연구소, 2001)

___ 『춤추시는 하나님』(두란노, 2002)

___ 『탕자의 귀향』(글로리아, 1997)

헨리 블랙커비, 『하나님을 경험하는 삶』(요단출판사, 1999)

그 청년 바보의사, 두 번째 이야기

초판 1쇄 인쇄 2013년 5월 13일
초판 6쇄 발행 2017년 8월 28일
개정판 1쇄 인쇄 2018년 6월 14일
개정판 8쇄 발행 2025년 2월 14일

지은이 | 안수현
엮은이 | 이기섭
펴낸이 | 정선숙
펴낸곳 | 협동조합 아바서원
등록 | 제 274251-0007344
주소 | 경기도 고양시 덕양구 향동로 217 DMC플렉스데시앙 B동 1523호
전화 | 02-388-7944 팩스 | 02-389-7944
이메일 | abbabooks@hanmail.net

ⓒ 협동조합 아바서원, 2018
ISBN 979-11-85066-79-0

잘못 만들어진 책은 구입한 곳에서 교환해 드립니다.